KB054104

K-FOOD가 미래다

코리아 인베이전

KOREA INVASION

K-FOOD가 미래다

코리아 인베이전

네모 파트너즈 · 매일경제TV 지음

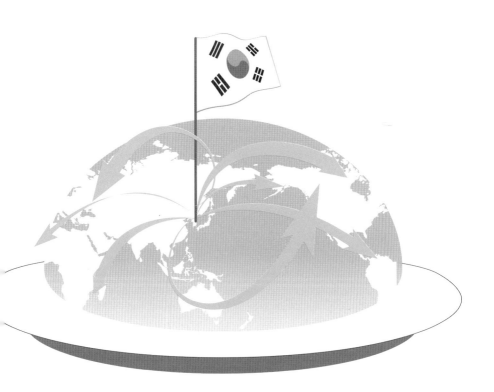

매일경제신문사

🍴 프롤로그

    식품산업은 국민의 생명과 건강은 물론, 전후방 산업과 연계돼 파급효과가 막대한 국가기반산업이다. 우리나라는 대부분의 농수축산물 산지가 지방에 있기 때문에 식품산업은 지방경제 활성화와도 직결될 수 있는 생활밀착형 산업이기도 하다. 또, 여느 제조업보다 고용창출 효과가 크며, 수출확대에도 이바지하는 수출 지향형 산업이다. 다른 산업과 비교해 탄소배출량이 적기 때문에 친환경 산업으로 꼽히기도 한다. 앞으로 세계 인구의 증가에 따라 시장은 더욱 확대될 것이므로 성장 가능성 또한 무한하다는 매력도 안고 있다.

    하지만 식품산업의 이러한 매력에도 국내 산업에서 차지하는 식

4

품산업의 위상은 그리 높지 않다. 전체 산업에서 식품산업의 비중은 1%에 불과하며 중요성에 대한 인식도 낮다. 과연 그 이유가 뭘까? 이 책은 바로 그러한 질문에서 출발했다. 식품산업의 가능성과 그와 반비례하는 현주소를 분석해보고 미래 식품산업의 경쟁력을 찾아보자는 목표 아래 연구가 시작되었다.

이 과정에서 발견한 것이 바로 '빅 웨이브 모델'이다. 식품산업에서도 가장 유망한 '가공식품산업'의 강대국 6개국의 모델을 분석하고 이와 비교해 우리 식품산업이 가야 할 길을 '빅 웨이브'를 통해 분석해봤다. 나아가 빅 웨이브를 구성하는 조달, 가공, 물류 영역에서 우리의 강점과 약점은 무엇이며, 식품산업의 경쟁력을 키우기 위한 전략은 무엇이 될 것인가 여섯 가지 해법으로 정리해보았다. 이를 간단히 소개하면 다음과 같다.

첫째, 내셔널 푸드 클러스터를 확대하라
둘째, 지역 클러스터를 확대하라
셋째, 스타트업 기업을 육성하라
넷째, 대한민국 식품 브랜드를 키워라
다섯째, 규제를 대폭 완화하라
여섯째, 컨트롤 타워를 만들어라

이러한 해법에 발맞춰 경쟁력을 갖추게 된다면 앞으로 식품산업은 우리 경제를 이끌어왔던 반도체, 전기전자 등의 산업에 이어 새로운 성장동력으로 떠오를 것이다. 오랜 전통을 기반으로 식문화가 발달한 우리는 더욱 발전 가능성이 높다. 또한, 식품가공기술 발달은 제약·화장품·바이오 등의 유관산업으로 전이돼 인접 산업과 동반 성장할 수 있어 기대도 크다.

이미 미래를 준비하는 식품업체들은 미래 먹거리 창출을 위해 고부가가치 제품을 만들기 위한 혁신을 꾀하고 있다. 네덜란드, 덴마크, 호주, 캐나다 등 식품강대국들은 고부가가치 원재료를 전략적으로 육성해 식품 제품에 대한 경쟁력을 강화하고 있다. 이를 위해서 다각적인 성장 인프라를 갖춰나간다. 정책의 기반과 연구개발을 위한 기초과학, 전문 인력 확보 등 다양한 노력을 펼치고 있다. 식품은 고부가가치 영역인 건강기능식품의 가공기술은 제약, 화장품, 바이오 등의 유관산업으로 전이돼 인접 산업과 동반 성장할 수 있기에 이들의 투자 노력은 갈수록 더해가고 있다.

이들의 노력처럼 우리도 분주히 움직여야 한다. 세계 식품산업의 변화는 우리에게 큰 기회로 다가오고 있다. 거대시장 중국을 포함한 동북아시아 시장이 열렸고 세계적으로 '한류'라는 우리만의 로열티가 더해져 우리에게 유리한 기회를 만들어주고 있다. 이제 우리는 거대시장인 중국과 러시아 수출을 확대해 국가 경제 활성화는 물론 아시아 식품 강대국으로 도약할 기회를 잡아야 한다.

이것은 성장의 벽에 맞닥뜨린 한국 경제가 나아갈 미래다. 엔터테인먼트 산업에만 한정된 한류열풍이 식품산업을 중심으로 재도약할 기회다. 식품산업의 미래를 여는 혜안과 대한민국의 미래! 지금부터 그 길을 찾아보도록 하자.

가공식품 분야 6대 강국 분석

KOREA INVASION

가공식품 강국이 되기 위한 6가지 비결

04

F O O D

코리아 인베이전, 기회를 잡아라

INDUSTRY

PART 01

식품산업,
대한민국
경제의 미래

FOOD INDUSTRY

식품산업,
대한민국 산업의 미래를 열다

거대산업 식품산업

의식주의 한 요소로 '식(食)'이란 생존과 인간 존엄성의 문제를 좌우하는 중요한 요소다. 음식은 단순히 먹고 사는 문제를 넘어 문화이자 전통이며 삶의 행복에도 지대한 영향을 미친다.

산업으로의 식품 역시 마찬가지다. 즐기는 문화로 달라졌으며 이로써 다양한 부가가치를 생산해내는 멀티산업으로 발전해가고 있다. 특히 멀티산업으로 식품산업이 갖는 가치에 집중해보자. 식품산업은 식품을 공급하는 일련의 과정과 연관 산업을 모두 포괄한다. 그래서 여느 산업보다 사업성과 성장성이 매우 크다. 즉, 농

식품산업의 구성	
구분	내용
규제	식품의 질, 안전성 그리고 식품의 로비 활동을 포함하는 식품 생산·판매를 포함하는 지역, 국가, 국제적인 규율과 규제
교육	학문적·조언적·직업적
조사	식품 기술에 대한 조사와 개발
금융	보험과 신용에 대한 금융지원
제조	농산물·종자·농가 기계의 공급, 농업 건설 등
농업	곡물, 축산, 수산물 생산
식품 가공	식품 생산의 제조, 시장을 위한 신선 상품의 준비
마케팅	우유와 같은 상품의 판매를 위한 홍보
도매 및 분배	보관·수송 등 도매와 소매

출처: USDA, ERS

가에서의 식품 생산(농업)부터 포장과 분배, 유통, 외식 서비스에 이르는 모든 과정과 이로써 파생되는 모든 것이 식품산업에 포함된다. 미국 농무부(USDA)에서 정의한 식품산업의 구성요소를 살펴보자.

위 표에서 보듯 식품산업은 매우 다각적인 네트워크로 연결되어 있다. 식품산업이 포괄하는 일련의 과정에는 농가의 1차 생산자부터 장비제공자, 가공업자, 운송업자, 마케터와 금융서비스 제공자 등 다양한 산업군이 관여한다. 이들은 서로 밀접한 영향을 주고받으며 하나의 결과물을 만들어낸다. 이것은 식품산업이 멀티산업으로서 파급효과와 특장점을 내는 요인이 된다.

따라서 식품산업은 국가 경제의 기초이자 여느 산업과 비교할 수 없는 거대산업이다. 2014년 기준 세계 식품산업 규모는 4조 달러(약 4,800조 원)에 이르고 있으며 이는 세계 반도체산업의 12배에 달하는 규모다. IT, 철강산업보다도 약 1.4~10배 큰 규모를 자랑한다. 2017년이면 그 규모는 더욱 성장해 6조 달러(약 7,100조 원)를 넘어설 것으로 보인다.

또한 이미 미국, 영국 등 주요 선진국에서는 식품산업이 국부와 일자리를 창출하는 데 매우 중요한 산업으로 자리매김해 있다. 2012년 미국은 국내 총생산(GDP)의 약 10% 규모를 식품에 투자했으며, 약 1,650만 명 이상의 미국인이 식품산업에 종사하고 있다. 영국의 식품산업 규모는 약 700억 파운드(약 127조 원)에 달하며 이는 영국 내 제조업의 16%를 차지한다. 약 40만 명의 인구가 식품분야에 고용돼 있는데, 이는 전체 제조업 고용의 약 15.5% 수준이다. 특히 영국 식품산업은 약 94% 이상의 고용이 영구적이기 때문에 매우 안정적이며, 주당 약 466파운드(약 85만 원)의 수입을 얻어 제조업 평균 수입 445파운드(약 80만 원)보다 높다. 영국 식품업체들은 R&D 투자도 활발해, 2011년 기준 약 10억 파운드(1조

● 분야별 매출액

(단위: 10억 원)

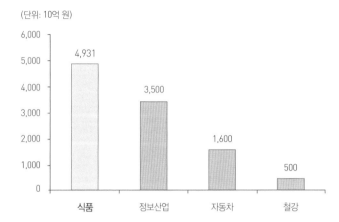

● 식품시장 규모

(단위: 10억 달러)

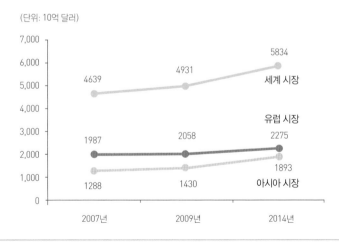

출처: Datamonitor

		국가별 세계 식품 시장 규모					(단위: 10억 달러)	
구분	2007년	2008년	2009년	2010년	2011년	2012년	2013년	2014년
세계 식품시장	4,639.9	4,793.5	4,931.7	5,089.7	5,259.5	5,440.0	5,631.5	5,834.0
유럽	1987.4	2027.4	2058	2096.3	2137.8	2181.5	2227.5	2275.3
- 독일	366.5	371.5	374.9	380.1	385.7	391.3	397.1	403.2
- 프랑스	243.0	244.7	247.4	250.8	254.2	257.7	261.4	265.2
- 영국	213.0	215.5	220.6	226.6	233.2	240.2	247.7	255.6
- 이탈리아	218.6	222.9	228.0	229.7	233.6	237.7	241.8	246.0
- 러시아	169.3	176.7	179.0	181.8	185.1	188.6	192.4	196.6
- 스페인	158.2	161.8	164.8	168.3	172.2	176.4	181.0	185.7
- 네덜란드	58.5	59.3	60.2	61.1	62.2	63.3	64.4	65.7
- 폴란드	52.6	54.1	55.4	57.0	58.7	60.4	62.3	64.2
아시아-태평양	1288.4	1361.3	1430.3	1509.5	1595.5	1687.7	1787	1893.9
- 중국	543.6	592.3	639.9	696.2	755.1	819.5	889.3	964.5
- 대만	29.9	30.9	31.8	32.7	33.7	34.7	35.8	38.8
- 일본	395.2	400.5	402.9	406.6	411.7	417.5	424.2	432.0
- 인도	43.4	50.1	57.3	64.9	72.9	81.5	90.5	100.2
- 호주	75.6	78.0	79.6	81.6	83.7	85.8	88.0	90.4
- 한국	51.1	52.8	54.6	56.5	58.3	60.2	62.1	64.1
북미	816.7	837.6	852.7	869.3	886.9	905.9	925.8	946.1
- 미국	733.2	752.6	766.1	780.9	796.6	813.7	831.5	849.7
- 캐나다	83.4	85.0	86.7	88.4	90.3	92.2	94.3	96.3
중남미	429.3	443.8	461.8	480	498.9	518.6	539	560.2
- 브라질	180.3	187.4	195.5	203.8	212.5w	221.5	230.9	240.8
- 멕시코	121.9	124.8	129.6	134.2	139.1	144.2	149.6	155.2
중동 아프리카	118.2	123.4	128.8	134.5	140.3	146.2	152.3	158.5

출처: Datamanitor

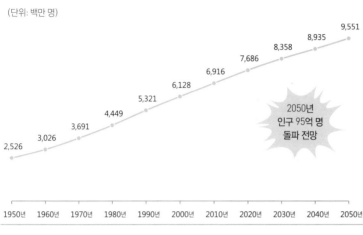

(단위: 백만 명)

9,551

8,935

8,358

7,686

6,916

6,128

5,321

4,449

3,691

3,026

2,526

2050년
인구 95억 명
돌파 전망

1950년 1960년 1970년 1980년 1990년 2000년 2010년 2020년 2030년 2040년 2050년

출처: UN

8,000억 원)를 R&D에 투자했다.

　이러한 식품산업의 지속성장을 견인하는 것은 단연 세계 인구의 증가다. 'UN 인구 통계 전망'에 의하면, 2013년 약 72억 명인 세계 인구는 2025년 81억 명, 2050년 96억 명, 2100년이면 109억 명으로 증가할 것으로 예측하고 있다. 특히 2013년 기준으로 59억 명이던 개발도상국 인구는 2050년에 약 83억 명 수준으로 늘어날 것으로 예상한다. 이러한 폭발적인 인구 증가와 신흥국의 성장은 곧 식품수요의 증가와 식품산업의 계속된 성장으로 이어질 것이란 전망을 낳는다.

	세계 인구 2억 명 이상 국가 현황 및 예상	
2013년 (72억 명)	**2050년 예상 (96억 명)**
1. 중국: 13억 5,000만 명	1. 인도: 16억 5,000만 명
2. 인도: 12억 3,000만 명	2. 중국: 13억 명
3. 미국: 3억 1,000만 명	3. 미국: 3억 9,000만 명
4. 인도네시아: 2억 5,000만 명	4. 나이지리아: 3억 9,000만 명
5. 브라질: 2억 명	5. 인도네시아: 3억 명
	6. 파키스탄: 2억 9,000만 명
	7. 방글라데시: 2억 5,000만 명
	8. 브라질: 2억 3,000만 명
	9. 에티오피아: 2억 2,000만 명

출처: UN 인구 통계 전망

또한, 인구증가의 분포와 속도를 통해 앞으로 유망한 식품시장이 어디인가도 짐작할 수 있다. 현재 세계 식품시장에서 가장 큰 규모를 이루는 곳은 유럽이다. 이어서 아시아-태평양, 북미, 중남미, 중동·아프리카 순서로 시장을 형성하고 있다. 유럽의 비중이 여전히 크지만 2008년부터 유럽시장은 점차 감소하는 반면 아시아-태평양 지역은 빠른 인구 증가에 힘입어 연평균 5.1%의 성장률을 보이며 빠르게 성장하고 있다.

이러한 추세에 따르면 2020년에는 세계 식품시장의 약 40%가

아시아-태평양 시장에서 형성될 것이라는 전망이 가능하다. 서울을 기점으로 2,000㎞ 이내에 동북아 경제공동체가 형성되어 인구 1백만 명 이상 대도시가 60개 이상이 모인 거대한 식품시장이 자리 잡을 것이란 얘기다. 결국, 사람이 산다는 것은 먹고사는 문제로 직결되므로 인구의 증가는 식품산업의 중요성을 자연스럽게 요구할 수밖에 없다.

그런데 여기에는 문제가 한 가지 있다. 갈수록 식품수요의 증가 속도가 식품공급의 증가속도를 추월할 것이란 전망이 그것이다. 전문가들의 분석에 따르면 2050년이 되면 식품수요량은 약 1경 6,000조 칼로리에 이를 것으로 보이는데 식품공급량은 이에 훨씬 못 미치는 1경 3,000조 칼로리에 이를 것으로 보인다. 수요량과 공급량 사이에서 약 22%의 차이가 발생하는 셈이다. 그 이유는 뭘까? 여기에는 여러 가지 요인이 작용한다.

우선, 통계적으로 1인당 소모 칼로리 규모가 점점 늘어나고 있다는 점이다. 지금으로부터 10년 전인 2005년에는 인당 하루 평균 섭취 열량이 2,750칼로리였으나, 앞으로 2050년이 되면 3,100칼로리가 될 것으로 전망된다. 즉, 1인당 칼로리의 증가는 앞서 언급한 세계 인구의 폭발적인 증가와 상승효과를 내면서 전체적으로 식품수요량이 식품공급량을 추월하는 구조를 만들게 된다.

여기에 기후변화에 따라 갈수록 줄어드는 경작지 규모도 식품

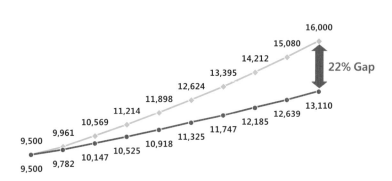

(단위: 조 kcal)　　―●―식품수요량　　―●―식품생산량

16,000

15,080

14,212

13,395

12,624

11,898

11,214

10,569

9,961

9,500

13,110

12,639

12,185

11,747

11,325

10,918

10,525

10,147

9,782

9,500

22% Gap

출처: World resources institute, Press Research

공급량 부족의 큰 원인이 된다. 이미 지구 온난화로 이상고온 등과 같은 기상이변이 전 세계 곳곳에서 발생하고 있으며 이 때문에 작물 생산량 감소도 계속 이어지고 있다. 기온이 1도 상승하면 작물의 생산량은 10~30% 감소할 것으로 예상한다. 또한, 아프리카와 중앙아시아, 아메리카 대륙의 많은 농토에서는 물 부족에 따른 사막화가 진행되는 중이다. 이러한 현상이 계속되면 세계 인구가 95억 명을 돌파하는 2050년에는 마침내 세계가 식량위기에 직면할 것이라는 전망이다.

| 1인당 소비 칼로리 전망 |

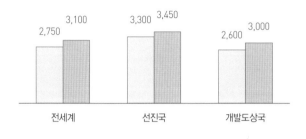

(단위: kcal/ 일)

전세계: 2,750 / 3,100
선진국: 3,300 / 3,450
개발도상국: 2,600 / 3,000

출처: UN, World resources institute, Press Research

또한 세계 지역별로 발생하는 식품 자원, 즉 농작물 생산의 불균형 역시 식량 부족의 주요 원인으로 꼽을 수 있다. 다음의 그림처럼 세계 지역마다 지형과 기후 조건에 따라 생산되는 주요 농작물에 차이가 생겨난다. 대표적으로 한국, 미국, 프랑스, 호주 등의 4개국의 식량 자원을 비교했을 때 지역과 기후에 따른 주요 농작물 생산의 불균형을 볼 수 있다.

이러한 불균형이 계속된다면 그림에서 보듯 2050년에 이르렀을 때 식품수요량과 식품공급량의 수준은 약 22%까지 벌어질 것으로 보이며 이미 세계 인구의 7분의 1에 해당하는 약 10억 명은 만성적인 기아에 허덕이고 있다. 국가 간에는 식품 수요 대비 부족한 공급

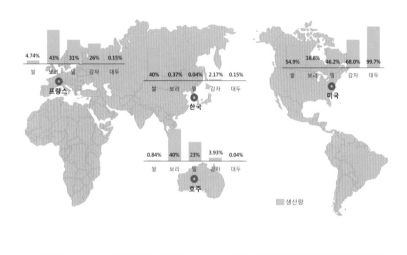

프랑스
4.74% / 43% / 31% / 26% / 0.15%
쌀 / 보리 / 밀 / 감자 / 대두

한국
40% / 0.37% / 0.04% / 2.17% / 0.15%
쌀 / 보리 / 밀 / 감자 / 대두

미국
54.9% / 16.8% / 46.2% / 68.0% / 99.7%
쌀 / 보리 / 밀 / 감자 / 대두

호주
0.84% / 40% / 23% / 3.93% / 0.04%
쌀 / 보리 / 밀 / 감자 / 대두

■ 생산량

출처: UN FAO

을 메우기 위한 치열한 식품전쟁을 벌여야만 할 것이다.

따라서 인구의 증가에 따른 식품산업의 성장은 인류에겐 또 하나의 도전과제이며 우리도 준비해야 할 미래다.

그렇다면 세계 식품산업이 안고 있는 한계와 위기에 우리는 어떻게 접근해야 할 것인가? 과연 식품산업은 거대산업이라는 이유만으로 우리가 도전해야 할 미래산업이 될 수 있을까? 이에 대한 설명은 다음에서 이어가 보자.

고부가가치 산업, 식품산업

식품산업을 미래산업으로 이해하기 위해서는 지금까지와는 다른 접근과 이해가 필요하다. 일단 식품산업이 갖는 부가가치에 대해서 살펴보자. 식품은 '필수재'라는 특성상 경기 침체의 영향이 적다는 큰 장점이 있다. 여기에 앞서 언급했듯 거대산업으로서의 식품산업은 단계별로 여러 산업, 문화와 결합해 다양한 부가가치를 생산해내는 멀티산업이라는 장점이 더해진다.

예컨대 첨단기술, 새로운 아이디어와 결합해 높은 경제적, 문화적 부가가치를 내는 산업으로 발전할 수 있다. BT, IT, 나노 등의 첨단기술이나 문화와 결합할 경우, 국가 이미지 제고는 물론 연관산업 성장까지 파급효과가 기대된다. 이 때문에 세계 여러 나라가 자국 음식과 식품을 국가 전략상품으로 만들려는 노력을 펼치고 있다.

이렇듯 식품산업이 갖는 멀티산업의 특성 덕분에 식품산업의 부가가치율(전체 매출 규모 중 생산 활동의 결과로 부가된 가치 금액 비중)은 그림에서 보듯 최상단에 포진돼 있다. 대한민국의 경제발전을 이끌어온 대표주자인 반도체, 전자, 자동차 산업과 비교해 봐도 식품산업이 내는 고부가가치 수준은 뒤지지 않는다.

또한, 식품산업은 높은 고용 창출 효과를 내는 효자산업이기도 하다. 일반 제조업과 비교해 두 배 이상의 고용창출 효과를 낸다.

| 고부가가치 산업 |

반도체/전자 20.1% 자동차 19.0% 식품 18.9% 전기장비 18.1% 화학제품 17.0% 의류제품 16.5%

2012년 기준 한국은행 산업 연관표에 의하면 식음료 제조업의 취업 유발계수는 매출 10억 원당 17.8명으로 이는 제조업 평균인 9.3명, 전 산업 평균인 12.9명보다 월등히 높다. 매출이 1억 원 증가할 때마다 증가하는 종사자 수는 3.6명으로, 이 역시 전체 산업 평균 2.2명에 비해 높은 수준이다.

EU의 식품산업 통계를 살펴봐도 단연 식품산업이 금속제조업이나 기계장비 산업보다 월등한 고용 효과를 보이고 있다. EU의 식품업체에 종사자 수는 약 420만 명에 달하는데, 이는 EU 전체 제조업 종사자의 15.5%에 해당하는 규모다. 이는 식품산업이 다른 산업에 비해 상대적으로 안정적인 근무 환경을 제공하는 덕분으로 풀이된다.

10억 원당 9.3명

10억 원당 17.8명

VS

일반 제조업

식품 제조업

　식품산업을 산업별 대표 기업들의 종사자 수와 식품기업의 종사자 수를 비교해보더라도 고용 효과의 우수성을 짐작할 수 있다. 다음의 그림에서 보듯 매출 100만 달러(약 12억 원)당 식품기업인 네슬레는 4.1명, 펩시는 3.4명의 종사자를 고용하고 있지만 소니, LG, 닛산, BMW와 같은 기업들의 종사자 수는 2명 미만에 그치고 있다. 이는 주로 식품산업이 개발과 생산부문에서 장비에 대한 의존도가 약하고 인력의 투입이 많이 되는 구조의 산업이기 때문이다.

　이렇듯 위에서 설명한 부가가치와 고용을 축으로 주요 제조 산업을 아래와 같이 펼쳐보면 식품산업의 부가가치율(전체 매출 규모 중 생산 활동의 결과로 부가된 가치 금액 비중)과 종사자 규모(매출 10억 원 당 종사자 수)에서 기타 제조업을 제치고 최우상단

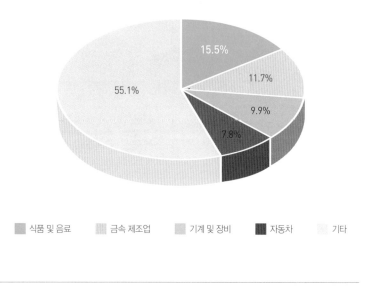

| EU 제조업의 고용 비율 |

55.1%

15.5%

11.7%

9.9%

7.8%

■ 식품 및 음료   ▦ 금속 제조업   ▨ 기계 및 장비   ■ 자동차   ░ 기타

출처: Food Drink Europe

에 있다. 그래프를 참고해보면 다시 한 번 식품산업의 중요성을 깨

달을 수 있는 대목이다.

친환경 산업 식품산업

성장 가능성과 높은 고용창출 효과와 더불어 식품산업이 미래산

(단위: 명)

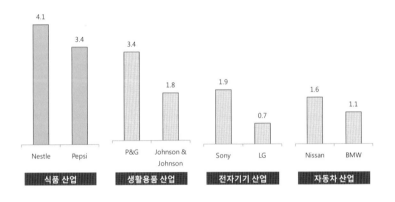

" 식품산업은 고용 창출 효과가 큰 산업이며 타 산업의 유사
매출 규모 업체 대비 매출 백만 달러당 평균 2명의 종사자가 더 종사하고 있음 "

출처: Forbes

업으로 갖는 또 하나의 매력은 바로 친환경 산업이라는 점이다. 식품은 생물을 다루므로 여느 산업보다 환경친화적인 산업이며 대표적인 녹색산업으로 육성할 수 있다. 환경오염에 대한 이슈로 지구촌 전체가 몸살을 앓는 시대에 이는 굉장한 장점이다. 환경오염 방지를 위해 국제적으로 각종 규제와 국제협정이 등장하고 있으며, 환경오염의 문제를 해결하지 않고서는 매우 어려운 비즈니스 환경

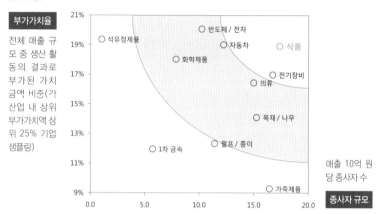

| 주요 제조업 별 부가가치 및 고용 창출 효과(2013년 기준) |

(단위: 명)

부가가치율

전체 매출 규모 중 생산 활동의 결과로 부가된 가치 금액 비중(가 산업 내 상위 부가가치액 상위 25% 기업 샘플링)

21%

19% ○ 석유정제품 ○ 반도체 / 전자
○ 자동차 ○ 식품

17% ○ 화학제품 ○ 전기장비
○ 의류

15%

13% ○ 목재 / 나무
○ 펄프 / 종이

11% ○ 1차 금속
매출 10억 원 당 종사자 수

9% ○ 가죽제품
종사자 규모

0.0   5.0   10.0   15.0   20.0

출처: 한국생산성본부, Nemo Analysis

으로 변화하고 있기 때문이다. 특히 지구온난화와 직결되는 이산화탄소의 배출량을 줄이기 위한 탄소 배출 억제 정책이 도입되는데, 식품산업은 이점에서도 매우 유리하다. 다음의 그림에서 보듯 식품산업은 다른 제조업과 비교했을 때 가장 탄소 배출량이 적은 산업으로 꼽히고 있다.

탄소 배출량이란 말 그대로 기업에서 생산하는 제품에서 배출되는 탄소량을 의미한다. 기업들은 제품의 포장에 탄소 배출량을 표

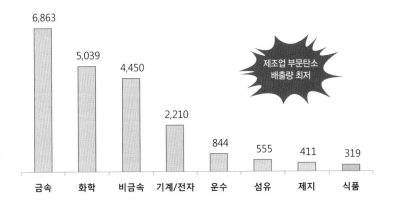

(단위: 만 톤 CO_2)

6,863 금속
5,039 화학
4,450 비금속
2,210 기계/전자
844 운수
555 섬유
411 제지
319 식품

제조업 부문탄소 배출량 최저

시함으로써 기본원료에서부터 폐기물 처리까지의 생산 과정이나 수송과정에서 탄소 배출량을 줄이기 위한 노력을 하도록 하고, 소비자들이 탄소 배출량에 대한 정보를 얻을 수 있도록 한 것이 바로 탄소 배출량 표시제도다. 2008년 영국, 미국 등 선진국에서 시행된 이후 2009년 우리나라에 도입, 시행되었다. 탄소 배출량은 갈수록 식품 소비자들의 구매패턴을 좌우할 중요한 요소가 될 것이기에 어느 분야이든 중요하게 여기지 않을 수 없다. 기업들의 저탄소 배

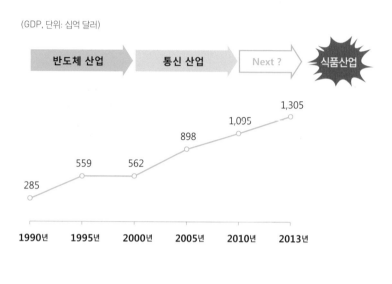

(GDP, 단위: 십억 달러)

반도체 산업 ▶ 통신 산업 ▶ Next ? ▶ 식품산업

285 (1990년)
559 (1995년)
562 (2000년)
898 (2005년)
1,095 (2010년)
1,305 (2013년)

출 상품을 생산하기 위한 노력은 규제의 이행 차원을 넘어 이제 기업의 존립과도 직결되는 문제이기 때문이다. 이런 점에서 식품산업이 저탄소 배출량 산업이라는 점은 환경오염이라는 이슈와 관련해 매우 큰 의미가 있다고 하겠다.

이러한 요소들을 종합적으로 볼 때, 식품산업은 반도체와 통신을 잇는 대한민국 경제의 미래 성장동력이라 하기에 충분하다. 과거 중화학공업에서부터 이어진 전자산업의 육성으로 세계 최강의

위치에 선 반도체, 통신산업 등 정보기술산업이 대한민국의 신성
장을 이끌어왔다면 이제는 그 자리에 식품산업이 서야 할 때다. 이
것이 식품산업의 미래에서 대한민국의 미래를 발견하는 이유다.

식품산업의
뉴 트렌드를 찾아라

웰빙, 로하스의 추구

식품산업에 잠재된 무한 성장 가능성은 우리 삶에 불어닥친 여러 변화와 맞물려 식품산업의 최신 트렌드로 만들어지고 있다. 대표적인 트렌드는 식품산업의 발전방향과 직결되므로 몇 가지 트렌드를 이 장에서 짚어보도록 하자. 먼저, 웰빙(well-being)과 로하스(LOHAS, Lifestyle of Health and Sustainability)를 꼽을 수 있다.

생활이 윤택해지고 평균수명이 길어지며 고령화 사회가 진행되면서 먹거리에 대한 사람들의 관심은 웰빙이나 로하스로 옮겨가기 시작했다. 이를테면 먹고 사는 문제에서 '잘' 먹고 '잘' 사는 문제로 이어지면서 식품산업의 트렌드에도 영향을 미친 것이다.

웰빙의 등장은 1990년대 초반으로 거슬러 올라간다. 20세기 초 급속한 산업화와 환경 문제에 대한 반성과 함께 유럽을 중심으로 사회 대안 운동이 활발하게 전개되면서 형성되기 시작했다. 로하스는 미국에서 출발했다. 로하스는 개인 중심의 웰빙보다는 사회성과 공익성을 강조하고 후대를 위한 지속 가능성을 중시하는 개념으로 미국 소비자의 30% 정도가 로하스로 분류되고 있다.

이러한 경향이 식품산업에 영향을 미치면서 식생활 패턴의 천연화, 유기화, 자연화 추세로 변화되고 있다. 이에 따라 일반 가공식품 위주에서 신선 식품, 유기가공식품, 친환경 인증식품 등의 수요가 꾸준히 상승하고 있다. 또한 비만, 당뇨와 같은 생활 습관병을 1차적으로 예방하거나 치료에 도움이 되는 식이요법의 중요성이 높아지면서 건강기능식품에 대한 욕구도 갈수록 커지고 있다.

식품 안전에 대한 관심 증가

식품에 대한 관심은 식품 안전에 대한 높은 관심으로 이어지고 있기도 하다. 이는 외식과 가공식품 소비의 증가에 따라 식품의 대량 조리, 유통이 늘어나면서 식품 관련 사고 역시 끊이지 않고 발생하는 현상에서 기인한다. 예컨대 불량 만두소 사건, 쥐머리 새우깡 사건, 멜라민 분유 사건 등 최근 식품산업계를 뒤흔든 일련의 식품 안전사고들은 소비자들의 식품 안전에 대한 경각심을 높였다. 더구나 식품은 국민 건강과 직결되어 있기에 사회적 관심이 클 수밖에 없다. 이러한 이유로 국민 건강과 식품 안전성에 대한 규제 움직임 또한 강화되는 경향이다. 일반 식품산업에서도 유기농 원료와 국산 원료의 사용과 표기가 2007년 하반기부터 제도화되었고, 가공육의 산지 표기 의무화 시행이나 농림산물에 대한 제도 등이 도입됨으로써 안전에 대한 관심은 더욱 제도적으로 강조되리라 전망된다.

1인식, 간편식 시장 성장

간편하게 조리할 수 있는 편의식의 성장은 최근 식품산업의 가장 두드러진 변화다. 이는 노인과 독신 가구 증가 등에 따른 인구구조의 변화에서 비롯된 현상이다. 물론 시간을 쪼개 사는 바쁜 현대인들의 라이프 사이클도 이러한 트렌드에 한몫했다.

특히 1인 가구의 증가는 갈수록 더해질 것으로 보인다. 통계청의 발표로는 2014년 한국 전체 가구 중 1인 가구의 비율은 26.5%였지만 2035년에는 이 비율이 34.3%로 상승할 것으로 보았다. 가장 큰 원인은 고령화에 따른 1인 가구 확대이며 둘째 원인은 연애, 결혼, 출산을 포기한 일명 삼포 세대로 대표되는 젊은층의 결혼 기피 현상이다.

1인 가구는 소포장 식품, 반조리 식품 등 식생활에서 편의성을 가장 중시하는 것으로 나타났다. 최근 편의점의 전략상품으로 도시락이 인기를 끄는 것도 이와 관련해 나타나는 변화다. 또, 1인 가구를 위한 HMR(Home Meal Replacement, 가정 간편식) 사업도 활기를 띠고 있다. HMR시장은 2015년 기준 2조원 규모로 성장할 것으로 예상되며 대형마트와 편의점, 기존 식품업체나 식자재유통 업체들은 이미 HMR시장을 겨냥한 '집밥 경쟁'에 뛰어들고 있다.

최근의 편의식은 과거, 편의성에만 중점을 두었던 정크 푸드(junk food)와 달리, 고급화하고 있다. 업체들은 이런 흐름에 발맞춰 식품 기업들은 급속 냉동 기술, 초고압 살균기술 등 처음 조리된 상태로 손쉽게 되살릴 수 있는 첨단 가공 기술 개발에도 주력하고 있다. 이처럼 가공식품의 개발과 기술 발전은 연관산업의 발전을 견인하며 더욱 활발해질 것으로 보인다.

에스닉 푸드 열풍

다민족 국가인 미국을 중심으로 발전한 에스닉 푸드(ethnic food) 열풍 역시 세계적인 트렌드로 떠오르고 있다. 에스닉 푸드란 이국적인 느낌이 나는 제3세계의 고유한 음식, 혹은 동남아 음식을 말한다. 채소를 비롯해 각종 허브와 향신료 등 저칼로리 재료를 쓰기 때문에 웰빙 요리로도 주목받고 있다.

국내에서는 해외 여행객의 증가나 국가 간의 무역 활성화, 외국인 노동자 유입 등의 영향으로 베트남 쌀국수, 인도 커리, 태국 똠양꿍(새우를 넣어 맵게 끓인 수프), 헝가리 굴라쉬(소고기 야채수프) 등 에스닉 푸드 전문점 수가 증가하기 시작했다. 이처럼 전통식품 시장의 확대를 위해 일본은 연간 1회 1식, 일식을 먹는 인구 증가를 위해 노력하고 있으며, 태국은 2004년부터 태국음식 세계화 추진본부인 '키친 오브 더 월드'를 운영 중이다. 우리도 범세계적으로 한식을 알리기 위해 한식 세계화 추진단을 설립해 표준 조리법 개발, 우수 한식당 인증제 등을 통해 한식 세계화 기반을 구축하며 한식 홍보에 나서고 있다. 아직 초기 단계여서 앞으로 더욱 적극적인 정책적 노력이 필요한 상황이다.

이상에서 살펴본 내용과 같이 식품산업은 소비자들의 다양한 생활 패턴에 발맞춰 다양화, 전문화되어간다. 앞으로 그 정도와 속도는 더해질 것으로 보인다. 이러한 트렌드를 따르고 점차 성장할 식품산업을 선도하는 대한민국이 되어야 하겠다.

가공식품,
식품산업의 미래를 열다

식품산업의 노른자위, 가공식품

지금까지 설명한 바와 같이 식품산업은 우리 경제의 미래 성장 동력으로 유망한 산업이다. 그리고 그 가운데서도 주목해야 할 것은 단연 건강기능식품이나 편의식과 같은 가공식품 분야다. 가공식품이란 말 그대로 농작물 등의 식품원재료를 조리와 가공을 거쳐 새로운 형태로 만들어낸 것을 의미한다. 단순 손질이나 조리과정을 거친 일반가공식품과 특정 성분을 추출, 정제, 합성해서 만든 건강기능식품 등이 바로 가공식품이다. 이렇게 원재료에서 가공식품 단계로 이동하는 과정에 각종 가공 기술이 더해지고 이 과정에

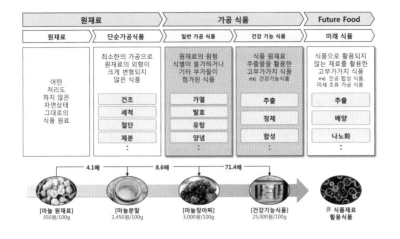

서 식품의 경제적 가치는 더욱 커지게 된다.

이를테면 밭에서 수확한 마늘이 원재료 상태일 때와 가공단계를 거치며 상품화를 거듭할 때의 가격 차이는 수십 배로 벌어진다. 위의 그림을 보자.

어떤 처리도 하지 않은 자연 상태 그대로의 식품 원료가 마늘분말과 같은 단순 가공 형태에서 마늘장아찌와 같은 조리식품의 단계를 거치기만 해도 4.1배에서 8.6배로 경제적 가치가 급상승하게 된다. 특히 마늘 원재료에서 추출한 성분을 활용한 상품은 단순가

음료/ Fats & oils/ Spices	Convenience Foods	가공유제품	가공육류	과일 및 야채	Baked goods and Grains/ 제과류
샐러드 드레싱, BBQ 소스, 마요네즈, 땅콩 버터, 마가린, 소금, 베이킹소다 등	냉동피자, 냉동식품, 에너지 바, 조리식품, 식사 대용식	크림 치즈, 우유, 밀크쉐이크, 치즈, 아이스크림, 요거트, 크림 등	햄, 소시지, 베이컨, 살라미, 미트 로프, 햄버거, 치킨 너겟, 쇠고기, 스팸 등	캔 과일, 캔 야채, 냉동 과일, 냉동야채, 잼, 케첩, 머스터드 등	밀가루, 쌀, 빵, 베이글, 머핀, 피자, 피타, 파스타, 크래커, 케이크, 쿠키, 파이, 초코렛, 사탕, 시럽 등

출처: Media Research

공 단계일 때보다 71.4배의 놀라운 가치 상승을 보인다.

이렇듯 원재료의 부가가치를 높이는 가공식품 시장이 활성화되면 원재료 시장의 활성화라는 부가적인 효과도 크다. 대표적인 예가 바로 '쌀'이다. 현재 국내 쌀 자급률은 90%를 넘어선다. 의무수입물량까지 고려하면 쌀 공급량은 과도한 수준이다. 따라서 식량안보와 직결되는 쌀의 생산 기반을 유지하기 위해서 가공식품의 활성화는 하나의 대안이 될 수 있다. 일본은 이미 가공밥 시장 규모가 4조 원대를 넘어서는 등 가공시장 활성화를 통해 쌀 소비량을

(단위: 십억 달러)

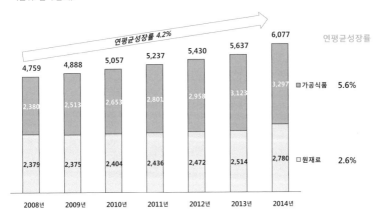

출처: Datamonitor, BCC Research, UN FAO, 한국농촌경제연구원, Press Research

늘리고 있다. 반면 한국은 가공밥 시장이 3,000억 원대에 머물러 있다. 농협중앙회의 미래전략부가 내놓은 보고서를 보면 쌀 가공식품 비율을 늘려 밀가루가 차지한 영역의 10%만 쌀이 대체해도 쌀 소비량이 연간 20만 톤 늘어난다.

이처럼 가공식품이 갖는 시장 파급력 때문에 세계 식품산업의 핵심은 바로 가공식품이라는 것에 무리가 없다. 실제로 2008년부터 지난 2014년에 이르는 세계 식품산업의 성장률은 평균 4.2%의

(단위: 백만 달러)

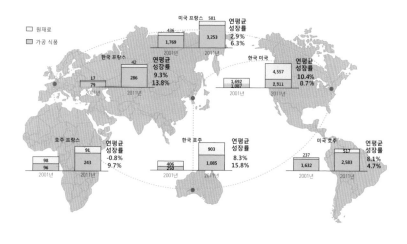

출처: UN FAO

성장률을 보였으며 시장의 성장을 이끈 핵심은 원재료 식품시장이 아닌 가공식품 시장이었다.

수출입 과정에서 보관과 운송의 중요성이 커지면서 신선식품보다는 가공식품의 수요가 커지고 이는 실제 시장 규모의 증대로 이어졌다. 이에 따라 제조, 보존, 포장, 운반, 저장기술 등의 식품 관련 기술도 더불어 발달하였다. 실제로 위의 그림에서 보이는 것처럼

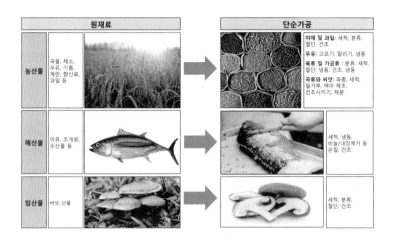

출처: Media Research

국가 간의 식품 교역량도 과거 대비 빠른 속도의 증가 추세를 보이고 있다. 특히 앞서 언급했던 것처럼 가공식품 영역에서 매우 활발한 변화를 보이고 있다. 이러한 국제간 수출입 식품의 증가로 전 세계적으로 다양한 식품 공급이 가능해졌다. 여기에 FTA 체결 등 교역구조의 변화에 따라 가공식품의 시장범위는 더욱 확대되고 있다.

가공식품의 고부가가치 창출

앞서 설명했듯 가공식품의 최고 매력은 단순 식재료가 가공단계를 거치면서 엄청난 고부가가치 식품으로 변신하는 업그레이드 마력에 있다. 원석을 어떻게 가공하느냐에 따라 보석의 가치가 달라지듯 가공식품 역시 마찬가지다. 대표적인 예를 통해 가공기술과 부가가치의 함수관계를 살펴보자. 건강기능식품으로 주목받는 자일리톨, 진사나, 퀴노아는 어떻게 사용하고 가공하느냐에 따라 그 부가가치가 크게 달라질 수 있다는 것을 극명하게 보여주는 대표적인 사례들이다.

자일리톨

먼저 자일리톨의 예를 살펴보자. 흔히 자일리톨 하면 떠오르는 나라는 핀란드다. 실제로 핀란드 자작나무에서 추출한 자일리톨은 핀란드 회사가 상품화한 성분이다. 그러나 기능성 식품으로 탈바꿈시켜 고수익을 창출한 것은 핀란드 식품업체가 아니라 덴마크 업체인 '다니스코'였다. '다니스코'는 1999년 자일리톨 생산업체인 핀란드의 쿨터사를 인수해 당뇨 환자들을 위한 설탕 대체품으로만 팔리

인삼

던 자일리톨을 식품에 들어가는 건강 기능성 첨가물로 탈바꿈시켰다. 그 결과 지난 10년간 자일리톨은 한국에서만 관련 제품이 1조 1,000억 원어치가 팔렸고 전 세계적으로는 그 10배가 소비되었다.

또 하나의 사례를 보자. 우리는 한국을 인삼 종주국이라고 외치고 있지만, 정작 인삼을 통해 고수익의 부가가치를 챙기는 곳은 따로 있다. 바로 스위스다.

스위스 루가노에 있는 기능성 식품 업체 '진사나'는 인삼의 주요 성분인 사포닌을 세계 최초로 표준화해 'G115'라는 독자적인 건강 기능 성분을 1970년대부터 생산하기 시작했다. 인삼 종주국인 대한민국이 생뿌리 생산에 집착하고 있을 때, 가공을 통해 추출한 '효능성분'만을 알약으로 먹는 것으로 인삼섭취의 표준으로 만들어냈다. 이로써 세계 인삼시장의 40% 점유율을 달성하며 인삼가공식품의 대국으로 위상을 다졌다. 진사나의 연간 수출액은 무려 30억 달러(약 3조 원)로 한국의 홍삼 시장의 30배 규모에 달한다. 한국, 중국이 인삼을 키우고 있지만, 실상 '재미'는 스위스가 보고 있는 셈이다.

네슬레 퀴노아

최근 슈퍼푸드로 떠오르고 있는 퀴노아 역시 가공단계를 거치면서 고부가가치 상품으로 변신한 예다. 에콰도르가 원산지인 퀴노아는 유럽·미국·일본에서 건강식품으로 인기를 얻고 있고, 쌀 다음가는 주요 식량원이자 대체식물원으로 부상하고 있다. 퀴노아의 영양에 대한 재발견은 스위스의 글로벌 식품기업 네슬레의 공이 크다. 퀴노아의 상품성을 알아본 네슬레는 7년에 걸친 오랜 기간의 연구를 거쳐 상품화했다. 이를 통해 퀴노아는 유아식, 시리얼, 음료 등의 다양한 가공식품으로 변신했다.

사실 퀴노아는 가공식품으로 상용화되면서 세계적으로 그 위상이 알려졌다. 곡물이지만 높은 영양 가치를 보유하고 있는데 특히 단백질, 철분, 칼슘 비타민이 풍부해 우유에 버금가는 곡물이자 슈퍼푸드로 인정받으며 선풍적인 관심을 끌고 있다.

다양한 퀴노아 식품

　이처럼 원재료 대비 가공식품이 갖는 파급효과는 상상 이상이다. 또한, 원재료에서 어떤 기회를 누가 먼저 찾아내느냐에 따라 엄청난 부가가치를 선점할 수도 있다. 결국, 식품산업의 경쟁력을 좌우하는 것은 원천 재료가 아닌 원재료를 응용한 가공기술과 이를 어떻게 활용하느냐에 달려 있다. 이것은 갈수록 성장하는 가공식품시장이 식품산업에서 얼마나 중요한 위치를 차지하고 있는지 짐작해볼 수 있는 대목이다.

가공식품시장의 주요 구성

　가공식품 내에서도 매우 중요한 시장으로 주목받는 분야가 바로

기능성식품	기능성 음료	Herbal & 전통	비타민&영양 보충제

음식과 음료에 추출한 Ingredients (e.g. amino acids, vitamins, minerals, 등)를 첨가하여 추가 기능 제공 (예시: 파이버 시리얼, 프로바이오틱스 요거트, 비타민 워터, 쾌변, 배추즙, 양파즙, 홍삼차 등)		허브, 한방 치료로 증상 완화 또는 질병을 치료하는 민간 작물 (예시: 한약, Herbal 식물)	파우더 캡슐 액체 형태에 영양분을 제공 (예시: 단백질 파우더, 오메가, 비타민 등)

출처: Media Research

건강기능식품 시장이다. 인구 고령화와 웰빙의식, 식품안전의식의 확산이 고기능성 가공식품에 더 큰 비용을 선뜻 내는 문화를 만들어낸 덕분이다. 건강기능식품 시장의 성장은 간편조리식품 시장과 비교하면 더딘 속도지만 식품산업의 평균 성장률을 웃도는 빠른 성장을 보인다. 농림축산식품부의 연구보고서를 보면, 건강기능식품의 세계시장규모는 2008년 기준으로 2,697억 달러(약 320조 원)였으며, 유기농 식품 시장규모는 연평균 12% 성장(2004~2008년 기준)하고 있다.

(단위: 십억 달러)

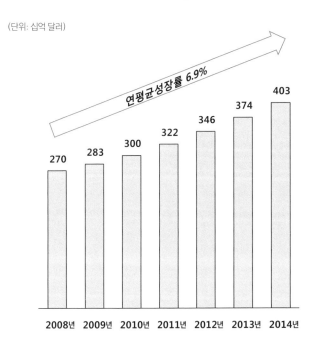

연평균성장률 6.9%

403
374
346
322
300
283
270

2008년 2009년 2010년 2011년 2012년 2013년 2014년

출처: World Bank, UN, 농림축산 식품부, Media Research, Press Research

국내 건강기능식품 시장의 경우, 2013년 기준으로 약 1조 7,920억 원의 시장을 형성하고 있다. 이는 전 세계 건강기능식품 시장의 약 0.8%에 불과한 수준이나 2010년 이후 연평균 약 35%의 성장률로 가파른 성장세를 보이고 있다.

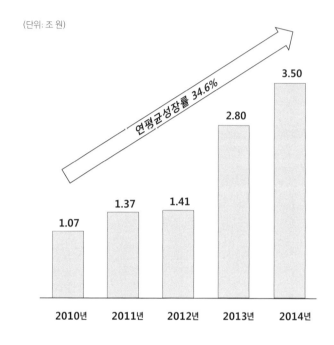

(단위: 조 원)

연평균성장률 34.6%

3.50

2.80

1.37   1.41

1.07

2010년 2011년 2012년 2013년 2014년

출처: World Bank, UN, 농림축산 식품부, Media Research, Press Research

　가공식품의 대표주자인 편의식품, 조리식품 시장의 성장은 말할
것도 없다. 소득 증가와 도시화에 따른 노인과 독신 가구 증가가 갈
수록 더해지면서 편의식품 시장은 더욱 크게 성장하고 있다. 특히
곡물 등의 주식 소비에서 편의식품이 발달하고 있다. 지난 2010년

| 세계 간편 조리 식품 시장 규모 |

(단위: 십억 달러)

연평균성장률 31.5%

119　157　206　271　356　469　616　810

2008년　2009년　2010년　2011년　2012년　2013년　2014년　2015년

출처: Datamonitor, Global Imdustny Analyst, KOTRA, Nemo Analysis

기준 냉장식품(샌드위치, 즉석조리식품 등) 시장 규모는 4,311억 달러(약 512조 원), 유제품 3,524억 달러(약 419조 원) 수준으로 성장했다.

이와 더불어 바쁜 현대인들의 일상을 공략한 간편조리 식품이 발달하면서 가공식품 기술은 더욱 발전하고 고도화되고 있다. 실제로 가공식품 내에서도 간편조리식품 시장의 성장은 지난 8년간 평균 31%를 넘는 큰 폭의 성장을 보여왔다.

국내 시장 역시 마찬가지이다. 농림축산식품부가 2014년 작성한 〈가공식품 소비자 태도 조사〉 보고서에 따르면 전국 20세 이상

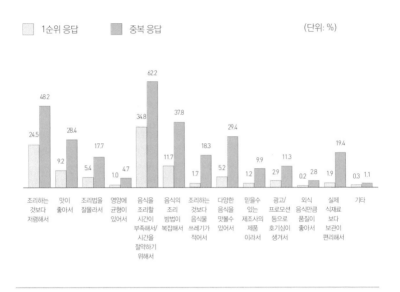

| 간편식 구입 이유 |

☐ 1순위 응답　■ 중복 응답　　　　　　　　(단위: %)

- 조리하는 것보다 저렴해서: 24.5 / 48.2
- 맛이 좋아서: 9.2 / 28.4
- 조리법을 잘몰라서: 5.4 / 17.7
- 영양에 균형이 있어서: 1.0 / 4.7
- 음식을 조리할 시간이 부족해서/ 시간을 절약하기 위해서: 34.8 / 62.2
- 음식의 조리 방법이 복잡해서: 11.7 / 37.8
- 조리하는 것보다 음식물 쓰레기가 적어서: 1.7 / 18.3
- 다양한 음식을 맛볼수 있어서: 5.2 / 29.4
- 믿을수 있는 제조사의 제품 이라서: 1.2 / 9.9
- 광고/ 프로모션 등으로 호기심이 생겨서: 2.9 / 11.3
- 외식 음식만큼 품질이 좋아서: 0.2 / 2.8
- 실제 식재료 보다 보관이 편리해서: 1.9 / 19.4
- 기타: 0.3 / 1.1

출처: 농림축산식품부

69세 이하 남녀 성인 중 최근 1개월 이내 1회 이상 가공식품 구입 경험자 4,000명을 대상으로 진행한 설문 결과 간편식 구입 경험이 있는 소비자의 비율은 2012년 55.3%에서 2014년 72.6%로 높은 증가추세를 보이고 있다. 또한, 간편식 구입 이유에 대한 응답에서는 시간절약(34.8%), 직접 조리보다 저렴(24.5%), 직접 조리보다 간편(11.7%), 맛(9.2%) 순으로 1인 가구 증가 등의 사회 여건 변화가 간편식 구입에 미치는 영향이 여실히 드러나고 있다.

| 최근 3개월간 간편식 구입 경험 |

☐ 구입 경험 있음　　☐ 구입 경험 없음　　　　　　(단위: %)

2012년	55.3	44.7
2013년	61.9	38.1
2014년	72.6	27.4

출처: 농림축산식품부

또한, 고령화의 증가와 소득수준의 향상 역시 가공식품 시장에 지대한 영향을 미쳤다. 배부르고 맛있게 먹는 것을 추구하던 것에서 나아가 이롭거나 즐길 수 있는 고기능성 가공식품에 더 큰 비용을 선뜻 내는 문화가 생겨나기 시작했다.

이처럼 간편식에서 건강기능식품으로 발전하고 있는 가공식품 시장은 앞으로 더욱 고도화된 가공식품 시장을 열 것으로 기대된다. 기존 식품 원재료의 특정 성분과 기능을 추출한 인공합성식품이나 기존에는 식품 원재료로 사용하지 않던 조류 등을 활용해 새로운 식품을 개발하는 것이 그 예다. 실제로 완두나 수수에서 추출한 식물성 가루를 이용해 인공달걀을 만들거나 소의 줄기세포를

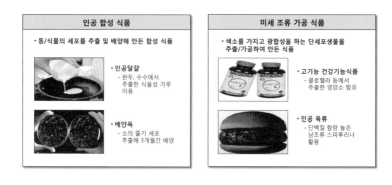

출처: 각 사 Homepage, Press Research

추출해 배양시켜 만든 배양육 등이 기술적으로 가능해지고 있다.

특히 미세조류의 경우 단백질 함량이 높고, 약용 물질들이 다량 함유되어 있어 뛰어난 식품 원재료로 평가받고 있다. 옥외 배양이 가능하고 비교적 배양 조건이 까다롭지 않아 전 세계적으로 많은 기업이 생산에 참여하고 있다. 미세조류의 대표격인 클로렐라를 활용한 세계 건강식품의 연 매출은 약 12억 5,000 달러(약 1조 5,000억 원)를 달성하고 있을 정도로 이미 세계 시장에서는 기능성 식품 원료로 널리 사용되고 있다.

물론 아직은 미래형 가공식품이 당장 식품산업에 큰 영향력을 미치고 있지는 않다. 그럼에도 식품업계에서 미래 식품시장에 눈

독을 들이는 것은 앞으로는 이러한 식품들이 시장에서 더욱 주목을 받게 될 것이기에 그렇다.

Korea

INVASION

PART 02

13개 식품강국을
벤치마킹하라

FOOD INDUSTRY

13개 식품강국을
도출하라

가치사슬 분석

　가치사슬은 기업이 상품과 서비스를 만들고 유통시키면서 고객
들에게 가치를 제공하는데 관련된 활동을 의미한다. 즉, 기업 전체
의 경쟁력은 기업 활동의 일부가 아닌 모든 것에서 생겨난다는 것
이 가치사슬의 기본 관점이다. 가치사슬 모형은 가치활동 각 단계
에 있어서 부가가치 창출과 관련된 핵심활동이 무엇인지를 규명
하거나 각 단계, 핵심활동들의 강점이나 약점, 차별화 요인을 분석
하고 나아가 활동단계별 원가동인을 분석해 경쟁우위 구축을 위한
도구로 활용할 수 있다.

| 가치사슬 모형 |

Support Activities: 지원 활동

Fitm Infrastructure: 기업 하부구조

Human Resource Management: 인적 자원 관리

Techonology Development: 기술 개발

Procurement: 조달 활동

| Inbound Logistics | Operations | Outbound Logistics | Marketing &Sales | Services |
| 내부 물류 | 제조, 생산 | 외부 물류 | 마케팅, 영업 | 서비스 |

Margin

이익

Primary Activities: 본원적 활동

가치사슬은 본원적 활동(primary activities)과 지원활동(support activities)로 나뉜다. 본원적 활동은 내부물류, 제품의 생산, 운송, 마케팅, 판매, 외부 물류, 서비스 등과 같은 현장업무 활동을 의미하며 지원활동은 기술개발, 인사, 재무, 기획 등 현장활동을 지원하는 제반 업무를 의미한다.

이번 장에서는 이와 같은 가치사슬 모델을 식품산업에 적용해

조달	가공	유통
•가공 식품의 원재료 공급	•가공 식품 생산을 위한 가공 / 생산 기술 R&D 활동	•생산된 가공 식품의 유통 / 판매 / 마케팅 활동
•자국 내 원재료 생산을 통한 공급 방법이 있음	•기업에서 판매를 위해 가공식품 상품 기획	•국내 시장을 대상으로 이루어지는 활동이 있음
•자국 내 원재료 자급이 부족한 경우, 해외 수입을 통한 공급 방법이 존재	•제조 설비를 통한 가공식품의 생산	•해외 시장을 대상으로 이루어지는 수출 활동이 존재

출처: Nemo Analysis

세계 식품산업의 현황과 우리나라 식품산업의 경쟁력을 비교 분석해보려고 한다. 물론 식품산업의 핵심인 가공식품 영역에 대한 분석이다. 특히 본원적 활동에 해당하는 요소 가운데 앞단에 해당하는 조달(내부물류), 가공(생산), 유통(운송) 부문의 3대 축을 중심으로 살펴볼 예정이다.

조달이란 가공식품의 원재료 공급이 얼마나 수월한가를 가늠하는 잣대로, 자국 내에서 원재료 생산과 공급을 할 수 있는지, 만약 자국 내 원재료 공급이 부족할 경우 해외수입을 통한 조달이 가능한가를 살펴보는 척도다.

식품강대국

조달 | 가공 | 유통

• 풍부한 원재료 바탕으로 고부가 가공식품 생산 및 판매
• 고부가가치 가공식품의 경쟁력을 바탕으로 수출 활성화

고부가가치생산국

조달 | 가공 | 유통

• 원재료 생산 부족으로 수입 의존
• 원재료의 경쟁력 약점을 극복하기 위해 고부가 기술 개발에 집중

"분석 대상국"

단순생산국

조달 | 가공 | 유통

• 농수산, 축산 등 1차 산업에 높은 생산량 보유
• 고부가가치 영역보다는 일반 가공식품 분야에 집중

식품약소국

조달 | 가공 | 유통

• 원재료 생산 부족으로 수입 의존
• 충분한 고부가 영역 개발이 이루어지지 않으며, 이에 따라 판매 경쟁력 동반 하락

출처: Nemo Analysis

가공 요소에서는 가공식품 생산을 위한 가공기술, 생산기술과 R&D 활동이 얼마나 원활한가를 살펴본다. 가공식품의 상품기획력이나 이에 걸맞은 생산력을 확보하고 있는지 비교해본다.

유통은 말 그대로 생산된 가공식품의 유통과 판매, 마케팅 활동 전반에 관한 평가 축이다. 국내외 시장을 각각 어떻게 대응하는지 살펴 경쟁력을 가늠해볼 수 있다.

조달, 가공, 유통 3대 영역의 경쟁력 수준을 강, 약으로 구분해 나라별 식품산업의 경쟁력을 평가해보면 그 정도에 따라 네 가지 유형의 가공식품 경쟁력 측정 모델이 도출된다.

첫째는 조달, 가공, 유통 부문에서 모두 강점을 갖춘 식품강대국이고 둘째는 원재료 생산은 약하지만 나머지 조달과 유통 부분에서 강점을 지닌 고부가가치 생산국이다. 셋째는 원재료 조달과 유통에선 강점을 지니고 있지만 가공영역에서 약점을 지닌 단순생산국-주로 농수산이나 축산 등 1차산업에 강점을 지닌다. 넷째는 세 부문 모두 약세에 있는 식품약소국이다. 이 가운데서 우리가 주목하고 추구해야 할 모델은 식품강대국과 고부가가치 생산국이라 할 것이다.

13개 식품강국의 도출

식품강국 분석 모델은 1인당 GDP 상위 20위, 인구 550만 명 이상의 OECD 국가와 BRICs 국가를 대상으로 적용해보았다. 그 결

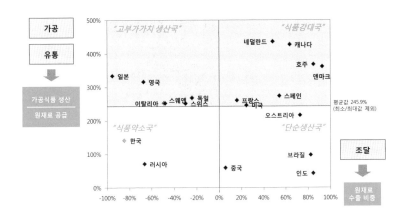

출처: Datamonitor, 한국무역협회, World Bank, Nemo Analysis

과 다음과 같이 13개의 식품강국이 도출되었다. 우선 네덜란드, 캐나다, 호주, 덴마크, 스페인, 프랑스, 미국이 모든 요소를 만족하는 식품강대국으로 구분되었다. 일본, 영국, 이탈리아, 스웨덴, 독일, 스위스 등은 원재료 생산력의 약점을 극복한 고부가가치 생산국으로 분류되었다.

13개 식품강국의 도출과 함께 우리나라의 식품산업 현주소를 분석해본 결과, 우리는 네 가지 유형 가운데 조달과 가공, 유통 등 전 분야에서 약세에 있는 식품약소국에 속해있음을 알 수 있었다. 그렇다면 13개 식품강국은 구체적으로 어떠한 경쟁력을 보유하고 있으며 대한민국의 식품사업 대비 어떠한 경쟁우위를 지니고 있는 것일까? 우리나라가 세계적인 식품강국이 되기 위해서는 13개 식품강국과 국내 식품산업의 현주소를 분석해, 식품산업이 지향해야 할 목표와 방법론을 재검토하고 세계적인 발전방향을 설정하는 것이 필요할 것이다.

13개 식품강국 VS 대한민국

앞서 설명한 대로 가공식품의 경쟁력을 좌우하는 가치사슬의 3대 요소를 중심으로 13개 식품강국과 우리나라를 비교 분석해 보았다. 3대 요소를 구성하는 조달, 가공, 유통 영역별로 판단 척도를 세웠으며 그 내용은 다음과 같다.

첫째, 원재료 공급이 충분한가?

둘째, 해외 원재료 수입이 원활히 이루어지고 있는가?

셋째, 인지도 높은 가공식품이 존재하는가?

넷째, 충분한 R&D 투자가 있는가?

다섯째, 생산 업체가 충분히 존재하는가?

여섯째, 국내 판매를 위한 유통 인프라가 갖추어져 있는가?

| 가공식품산업의 가치사슬 분석 |

조달
· 자국 내 생산되는 원재료로 충분한 공급이 이루어지는가?
· 해외 원재료 수입이 원활히 이루어지고 있는가?

가공
· 인지도 높은 가공 식품이 존재하는가?
· 충분한 R&D 투자가 있는가?
· 생산 업체가 충분히 존재하는가?

유통
· 국내 판매를 위한 유통 인프라가 갖추어져 있는가?
· 해외 수출을 위한 다수의 교역국을 보유하고 있는가?

" 14개국 분석

| 한국 | vs. | 네덜란드 | 이탈리아 | 덴마크 | 스위스 | 프랑스 | 캐나다 | 호주 |
| 독일 | 스페인 | 미국 | 스웨덴 | 일본 | 영국 |

" 식품 선진 국가 대비 한국의 경쟁 열위 요소를 확인 "

일곱째, 해외 수출을 위한 다수의 교역국을 보유하고 있는가?

이와 같은 질문을 통해 13개 식품강국과 대한민국의 식품산업을 분석한 후 우리나라의 경쟁열위 요소를 도출해내었다. 영역별 도출내용은 다음 장에서 이어가도록 한다.

13개 식품강국을
벤치마킹하라

조달영역 분석

먼저 조달영역이다. 조달영역에서는 다음과 같은 두 가지 기준에 따라 13개 강국과 우리나라의 식품산업을 비교해보았다.

첫째, 자국 내 생산되는 원재료로 충분한 공급이 이루어지는가? 즉, 수출 상위 품목에 해당하는 핵심 가공식품에 대한 원재료 자급률 수준과 원재료의 안정적 공급을 위한 농업 생산물의 연간 가격 변동률을 구체적으로 살펴보았다.

둘째, 해외 원재료 수입이 원활히 이루어지고 있는가? 다시 말해 원재료 수입을 위한 교역 국가를 얼마나 많이 갖추고 있는가를 살

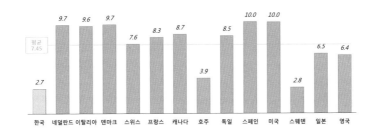

| 원재료 공급 비교 |

평균
7.45

2.7 한국
9.7 네덜란드
9.6 이탈리아
9.7 덴마크
7.6 스위스
8.3 프랑스
8.7 캐나다
3.9 호주
8.5 독일
10.0 스페인
10.0 미국
2.8 스웨덴
6.5 일본
6.4 영국

출처: Nemo Analysis

펴봤다.

그 결과, 조달영역에서 두드러지는 대표적 선진국가로는 캐나다와 네덜란드를 꼽을 수 있었다. 캐나다는 세계 4위의 높은 농업 생산량을 기반으로 원료공급을 원활하게 하고 있으며 인접 국가와의 교역도 매우 활발하게 이루어지는 것이 특징이다. 네덜란드는 종자 매출액의 15~25%를 연구분야에 재투자함으로써 세계 채소 종자 유통량의 35%를 점유하고 면적당 농업 생산성에서도 세계 최고 수준을 보유하고 있는 것이 특징이다.

우리나라의 조달영역 경쟁력은 항목에 따라 열세인 부분도 있지만, 평균적으로 선진국가와 비교해 유사수준으로 나타났다. 구체적으로 살펴보면, 열세인 부분은 원재료 자급률이다. 다음의 그림

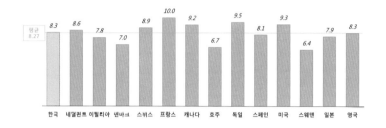

출처: Nemo Analysis

에서 보듯 여타 선진국가 대비 낮은 상황이다. 선진국가들의 다수가 농업 기반이 강한 특징을 보이지만 우리나라는 기후나 지리적 특성으로 원재료의 안정적 공급이 어렵기 때문으로 보인다.

하지만 약한 원재료 자급률은 충분한 주변 교역국을 통해 보완하고 있다. 수입을 통해 부족한 원재료 생산을 대체하고 있으며 그 결과 상단의 그림처럼 선진국 평균 수준에 다다른 것으로 보인다.

가공영역 분석

가공영역에서는 다음과 같은 세 가지 척도를 기준으로 13개 식품강국과 우리나라의 수준을 비교 분석했다.

첫째, 인지도 높은 가공식품이 존재하는가? 즉, 전체 가공식품 수출 품목 중 수출규모 1억 달러(약 1,200억 원) 이상의 품목이 존재하는지, 핵심 수출품목 보유를 통해 상위 5개 식품 수출 품목 비중이 높게 나타나는지를 살펴보았다.

둘째, 충분한 R&D 투자가 있는가? 구체적으로 국가 내 식품 기업당 R&D 투자 비용은 어느 정도 수준인지, 국가 전체 산업의 R&D 투자비 중 식품산업에 대한 R&D 비중이 높게 나타나는지, 식품 관련 분야 선도 기술을 어느 정도 가졌는지를 살펴보았다.

셋째, 생산 업체가 충분히 존재하는가? 국가 내 중소·중견 식품 업체(250명 이하)를 충분히 갖추고 있는지, 세계 상위 100대 식품 기업을 얼마나 보유하고 있는지, 식품 업체 당 출하 금액의 수준은 어떠한지를 기준으로 했다.

이와 같은 척도에 따라 분석한 결과 가공영역에서의 대표적 선진국가로는 프랑스, 네덜란드, 스위스를 꼽을 수 있었으며 각각의 특징은 이러하다. 먼저 프랑스는 전세계 와인 시장의 30% 이상을 차지하고 있는 와인 강국으로, 이는 프랑스 전체 수출액의 2.6%를 차지하고 있다. 네덜란드는 유럽의 3대 식품 연구소 중 두 곳인 NIZO, TNO을 보유한 R&D 강국이다. 기초연구와 응용연구에 걸친 다양한 R&D 네트워크 프로그램을 갖추고 있다. 스위스는 세계

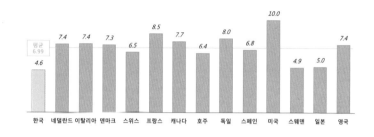

| 인지도 있는 가공식품 비교 |

출처: Nemo Analysis

최대의 글로벌 식품회사인 네슬레를 보유하고 있으며 식품산업이 국가 전체 GDP의 25%를 차지하고 있는 것이 특징이다.

무엇보다 가공영역은 13개 식품강국과 우리나라의 경쟁력 차이가 현격하게 드러나는 영역이다. 선진국가와 비교해 핵심적인 가공식품 제품이 부족하고, 식품에 대한 R&D 투자 역량 또한 매우 저조한 것으로 보인다. 이뿐만 아니라 식품 업체의 규모도 선진국가와 비교해 열세한 것으로 나타났다. 이를 항목별 척도 비교로 살펴보면 다음과 같다.

먼저 인지도 높은 가공식품을 보유하고 있는지 살펴본 결과 13개 식품강대국의 평균은 6.99였으며 우리나라는 4.6에 그쳤다.

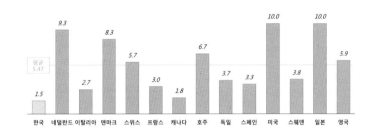

출처: 서울대 산학협력단, Nemo Analysis

　R&D 투자는 충분한지 살펴본 결과 13개 식품강국은 평균 5.4
수준이었으며 우리나라는 1.5에 불과해 선진국 대비 매우 저조한
수준으로 나타났다.

　다음으로 생산업체는 충분히 존재하는지 살펴본 결과 13개 식품
강국의 평균은 4.10이었으며 한국은 1.5로 역시 크게 뒤처지는 것
으로 나타났다.

유통영역 분석

　유통영역에서는 완성된 가공식품의 유통, 판매, 수출 역량을 구

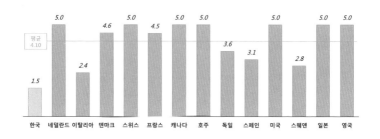

평균
4.10

1.5 2.4 4.6 5.0 4.5 5.0 5.0 3.6 3.1 5.0 2.8 5.0 5.0

한국 네덜란드 이탈리아 덴마크 스위스 프랑스 캐나다 호주 독일 스페인 미국 스웨덴 일본 영국

출처: Nemo Analysis

체적으로 분석했으며, 경쟁력 수준을 판단하는 척도는 다음의 두
가지다.

첫째, 국내 판매를 위한 유통 인프라가 갖추어져 있는가? 국가
전체 유통 업체 중 식품 유통 업체의 비중이 높게 나타나는지, 식품
유통 업체당 평균 출하 금액이 높게 나타나는지를 살펴보고 13개
식품강국과 우리나라의 수준을 비교했다.

둘째, 해외 수출을 위한 다수의 교역국을 보유하고 있는가? 가공
식품 수출을 위한 교역 국가를 얼마나 많이 확보하고 있는지 살펴
보았다. 이와 같은 기준을 토대로 분석한 결과 유통영역에서의 대
표적인 선진국가로는 프랑스, 스위스로 나타났다. 프랑스의 식품
유통업은 국가 경제의 약 10%, 고용의 약 19%를 차지하고 있다.

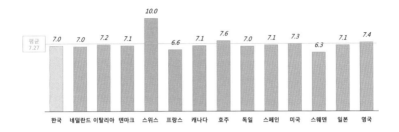

출처: Nemo Analysis

세계 10위권 이내의 철도와 도로망을 구축하고 대서양 연안의 항구를 통해 북유럽으로의 연결통로 역할도 담당하고 있다. 스위스는 효율적인 철도, 도로 교통 체계를 구축해놓았으며 바다와 인접하지는 않았지만, 바젤 항구를 통해 북해 물류 체계를 구축하고 자국 내에 식품 유통업체의 규모화를 달성한 것이 강점이라고 볼 수 있겠다.

또한 이들 식품강국과 우리나라의 식품산업을 비교해본 결과, 한국은 선진국가와 유사한 수준의 식품 유통 인프라를 보유하고 있었다. 식품제조업은 타 제조업의 인프라 기반을 활용해 유통망을 확보하고 있으며 수출을 위한 교역국 역시 충분히 갖추고 있다. 특히 FTA 체결 등으로 식품산업의 국가 간 교류는 더욱 활성화될

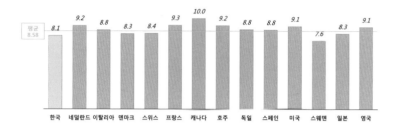

| 기공식품 교역 국가 비교 |

출처: Nemo Analysis

것으로 보인다. 이와 같은 분석결과를 좀 더 자세하게 살펴보도록 하자.

먼저 유통기반 시설은 잘 되어 있는지 살펴본 결과 다음의 그림에서 보듯 한국의 유통기반시설은 선진국과 비슷한 수준으로 나타났다. 식품 강국 평균 7.27이었으며 한국은 7.0으로 나타났다.

가공식품 교역 국가는 충분한지와 관련해서는 역시 선진국가에 버금가는 것으로 나타났다. 13개 식품강국의 평균은 8.58이었으며 한국 또한 8.1의 높은 수치를 보였다.

가공영역의 열위를 벗어나라

이와 같은 분석을 통해서 식품 약소국 대한민국의 대표적인 취약점은 바로 가공영역에 있음을 알 수 있었다. 조달과 유통영역에서는 13개 선진강국과 비슷한 수준을 보였지만 가공부문에서는 대부분 열세를 보였다.

가공영역에서 나타나는 한국 식품산업의 열위부문은 우측 그림에서 보듯 브랜드, 혁신, 기업 경쟁력으로 좁혀진다. 이는 바꿔 말해 우리 식품산업이 브랜드와 혁신, 기업 경쟁력을 보완할 경우 가공영역의 경쟁력을 끌어올릴 수 있다는 의미이기도 하다. 또한, 가

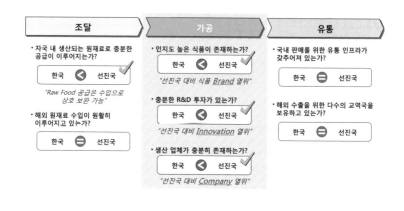

조달	가공	유통
• 자국 내 생산되는 원재료로 충분한 공급이 이루어지는가?	• 인지도 높은 식품이 존재하는가?	• 국내 판매를 위한 유통 인프라가 갖추어져 있는가?
한국 **<** 선진국 ✓	한국 **<** 선진국 ✓	한국 **=** 선진국
"Raw Food 공급은 수입으로 상호 보완 가능"	*"선진국 대비 식품 Brand 열위"*	
• 해외 원재료 수입이 원활히 이루어지고 있는가?	• 충분한 R&D 투자가 있는가?	• 해외 수출을 위한 다수의 교역국을 보유하고 있는가?
한국 **=** 선진국	한국 **<** 선진국 ✓	한국 **=** 선진국
	"선진국 대비 Innovation 열위"	
	• 생산 업체가 충분히 존재하는가?	
	한국 **<** 선진국 ✓	
	"선진국 대비 Company 열위"	

출처: Nemo Analysis

공영역의 경쟁력을 보완하게 되면 나머지 조달, 유통영역과 시너지를 냄으로써 13개 식품강국의 경쟁력과 어깨를 나란히 할 수 있다는 희망도 기대할 수 있다. 즉, 가공영역의 열위를 극복하는 것이 우리 식품산업의 최대 당면과제인 것이다.

그렇다면 우리 식품산업의 브랜드, 혁신, 기업 경쟁력을 끌어올릴 방법은 과연 무엇일까? 이를 위해 요소별 현주소와 해결과제를 분석해보도록 하자.

| 한류열풍 |

브랜드 역량의 현주소

먼저 브랜드 부문의 현주소다. 사실 우리나라의 식품산업은 최근 불고 있는 한류열풍의 영향으로 비교적 브랜드 경쟁력에서 유리한 고지에 있다. 세계적으로 한류열풍이 불고 한류 콘텐츠를 통해 비빔밥이나 치맥 등 케이푸드(K-Food)에 대한 관심이 높아지는 덕분이다.

예컨대 비빔밥의 열기는 멀리 브라질에서도 뜨겁다. 케이팝(K-Pop)을 좋아하는 브라질 사람들이 자연스럽게 한국 문화와 한국 음식에 눈을 돌리게 된 덕분이다. 중국에서는 한때 '치맥' 열풍이 불었다. 중국에서 성공을 거둔 인기드라마 '별에서 온 그대'의

미국 유타주의 푸드트럭 '컵밥(Cupbop)'

여주인공이 치킨과 맥주를 먹는 장면이 방영된 후 중국 내에서 선풍적인 인기를 끌기 시작했다. 이를 발판으로 중국에 진출했던 한 기업은 2014년 상반기 기준으로 전년보다 43%나 증가했다. 한 설문조사에 의하면 중국인 응답자의 80% 이상이 '한류'가 한국 상품 구입에 많은 영향을 끼친다고 답했다. 이처럼 케이팝과 한국 드라마가 아시아권에서 큰 인기를 끌게 되면서 케이팝 팬덤과 드라마 시청자들이 케이푸드(K-Food)에도 관심을 보이는 것이다.

이처럼 세계적인 한류열풍에 힘입어 성장할 수 있는 부가적이면서 가장 직접적인 산업분야가 바로 식품이다. 미국 유타주에서 노량진의 컵밥으로 성공한 한국인 청년들의 사례도 한식 경쟁력 확보에서 중요한 부분이 무엇인지를 알려준다. 한국인 유학생 송정

훈, 김종근, 박지형 씨는 노량진의 대표적인 길거리 음식으로 수험생들이 빨리 식사를 마치기 위해 간편하게 먹는 컵밥을 미국으로 가져가 크게 성공했다.

컵밥 인기의 비결은 물론 한류의 영향을 빼놓을 수 없지만, 다음의 세 가지로 정리해볼 수 있다. 한국인 특유의 빠른 서비스와 선택을 할 수 있는 매운맛, 그리고 덤이다. 모두 한국 문화에서 볼 수 있는 고유의 특징들이다. 이처럼 식품산업은 음식 그 자체만이 아니라 문화와 결합해 브랜드로서 힘을 갖게 된다.

문화가 상품 구입과의 밀접성을 보여준 한 사례를 살펴보자. 공장에서 대량으로 만드는 양산빵 생산업체 삼립식품의 성장에는 드라마의 인기가 한몫했다. 2010년, 드라마 '제빵왕 김탁구'가 큰 인기를 끌고, 시청률이 40%에 육박하면서 빵에 대한 사회적 관심이 증가한 덕분이었다. 삼립식품은 이런 시장의 분위기를 놓치지 않고 매출로 연결했다. 드라마 '제빵왕 김탁구'에 나오는 빵을 직접 맛보고 싶다는 고객 문의가 많아지자 드라마의 제작을 후원하던 SPC그룹은 파리바게트와 샤니를 통해 드라마 '제빵왕 김탁구'를 활용한 신제품을 출시했다. 특히 이 사례에서 눈여겨볼 만한 현상은 바로 지속성이다.

과거 드라마 혹은 개그맨 등 사회적인 현상들이 빵이라는 가공식품으로 연결된 사례가 등장했고, 지금까지 이어지고 있다. 최근에는 사회적으로 우리 국민 대부분이 사용하고 있는 소셜네트워크 서비스(SNS) 카카오톡 캐릭터를 빵으로 만들어서 판매하기도 했다. 이어서 애니메이션 '미니언즈' 등 다양한 문화콘텐츠들이 식품과 지속해서 연결되어 판매에 도움을 받고 있다.

이외에도 삼립식품은 시장에 맞는 아이템을 개발하면서 적극 대응했다. 예를 들면, 웰빙 관련 제품에 대한 소비자의 요구가 증기하고 있는 점을 반영해 천연발효, 신선한 브랜드를 출시하거나 우리 밀을 적극 활용하고, 국내 지역 특산물을 활용한 다양한 상품으로 차별화하며 상품을 개발해서 대응했다.

혁신역량의 현주소

이처럼 식품기업들이 비교적 브랜드 역량 면에서 경쟁력을 확보한 것에 반해 식품기업들의 혁신역량과 기업역량은 매우 취약하다. 먼저 혁신역량을 살펴보자. 우리 식품산업의 문제는 연구·개발(R&D) 실적의 상용화가 부족하다는 점이다. 정부나 연구기관의 주도로 R&D 연구가 이루어지기는 하지만 연구에 그칠 뿐 제품의 상용화를 통해 기업의 성장을 돕는 일에는 큰 성과는 내지 못하고 있다.

구분	연구 개발비 (억 원)	매출액 대비 연구비(%)	연구원수(명)	연구원 1인당 연구비 (백만 원/명)
제조업 전체	164,536	2.9	128,233	128
식품산업 (제조업 대비)	2,371 (1.4%)	0.8 (27.6%)	2,591 (2.0%)	91 (71.1%)

출처: 〈식품 과학 기술 R&D현황과 향후 방향〉, 홍석인, 2010

식품산업 연구 개발비 및 매출액 대비 투자 비중은 제조업 전체 대비 각각 1.4%와 27.6% 수준으로, 제조업 내 식품산업의 비중에 비해 R&D에 대한 기업 투자는 활발하지 못한 것을 알 수 있다. 식품산업 분야의 연구원 수도 전체 제조업 대비 2%로 매우 낮은 수준으로, 연구원 1인당 연구비는 제조업 대비 70% 정도에 불과하다.

이는 세계 주요 식품 기업의 R&D투자 비중과 비교해 볼 때도 상당히 낮은 수준으로 세계 주요 식품 기업의 매출액 대비 R&D 투자 비중은 평균적으로 2008년 1.5%에서 2010년 1.8%로 증가했지만, 국내 주요 기업의 비중은 0.7~0.8%에서 머물고 있으며 세계 주요 기업의 40% 수준에 불과하다.

이처럼 세계 각국은 식품산업을 위한 연구개발에 힘을 쏟고 있다. 식품 안전과 국민 영양, 건강 향상, 농업과 식품산업의 연계, 환경 보호, 지속 가능한 식품생산, 중소기업 지원 사업 등이 주된 주

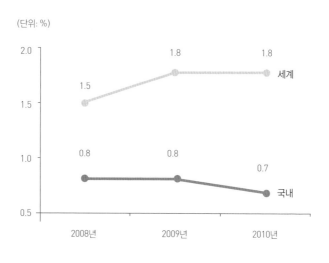

(단위: %)

출처: 〈식품 과학 기술 R&D현황과 향후 방향〉, 홍석인, 2010

제다. 그렇듯 R&D 분야 투자와 논의는 앞으로 갈 길이 멀다. 이를 위해서는 식품산업 분야에서 한국보다 앞서 있는 미국과 유럽, 일본의 선진사례들을 살펴볼 필요가 있다.

농림축산식품부의 연구보고서를 보면, 미국 농무부(USDA, United States Department of Agriculture)는 자체 연구와 민간 연구 지원을 아끼지 않고 있다. 국가가 전략 R&D 프로그램을 지원하는 '내셔널 리서치 이니셔티브(National Research Initiative)'를 통해 농업유전공학, 식품, 농업, 안전 연구 과제를 관리하고 있다.
또 중소기업 R&D 사업을 지원하기 위해 자금 지원 방안도 마련돼
있다.

유럽 국가들은 중소 식품기업의 기술 수요에 대해 공공·민간 합
동 연구를 추진 중이다. 과학기술 분야의 연구기반을 확대하고 연
구기관·인력 간의 공동연구와 네트워크 강화를 위한 프로그램을
민간과 국가의 공적자금으로 운영한다. 또 세계시장을 공략할 수
있는 혁신적인 식품과 관련 기술을 다국적 협동연구로 진행한다.
지난 2002년에서 2006년 사이 식품생산과 소비, 건강의 연계 강화
를 위한 181개 연구과제에 7,513만 유로(약 997억 원)를 투자했다
고 한다.

미국과 유럽보다 미흡한 발전을 보이고 있는 아시아 지역에서
그나마 선진 사례를 구축한 국가는 일본이다. 일본은 국가 차원에
서 농업·식품산업기술종합연구기구인 'NARO'를 운영하며 연구를
수행하고 있다. 이는 식품산업 연계, 식품안전, 환경 관련 연구 수
행을 위해 식품종합연구소 등 6개 독립 행정 법인으로 구성된 국가
적 연구기관이다.

기업역량의 현주소

이러한 상대적 열세는 기업역량에서도 마찬가지다. 식품산업을 구성하는 기업들의 규모가 소규모 영세 업체 중심으로 되어 있으며 실제로 전체 업체의 약 90% 정도가 영세한 규모를 보인다. 또한, 식품 대기업일지라도 세계 수준과 비교하면 매우 취약한 수준이다.

종업원 10인 미만의 영세 업체가 식품 제조업체의 약 76%를 점유하고 있지만, 이들이 식품 매출액에서 차지하는 비중은 4%에도 미치지 못하고 있다. 사실 영세 업체는 두부, 단무지 등 비교적 단순한 가공품을 생산하고 있다. 이는 식탁에 자주 오르내리는 생필품 성격의 다소비 제품으로 국가 경제와 국민 건강에 미치는 영향이 상당하다. 대다수 영세 업체는 안정적인 매출만을 목적으로 단순 가공품을 생산하는 현실이기 때문에 업체 스스로 부가가치가 높은 신제품의 개발, 품질 개선, 위생 기술의 확보 능력 등은 미흡한 실정이다. 또한, 시설 개선 등을 위한 경제적 투자 여력이 부족할 뿐만 아니라 영업자, 종사자의 위생 의식도 취약하다.

반대로 대기업은 상당한 수준의 품질 관리 능력을 보유하고 있지만, 채산성의 문제나 정부의 동반 성장, 상생 경영 등의 이슈로 이들 중소기업이 제조하는 제품에 선뜻 뛰어들기가 쉽지 않다.

이런 가운데 업체 간 분업이 확대되는 상황에서 소기업의 미흡한 품질 관리는 업계 전체의 발전을 저해하는 중요한 요소로 작용하고 있다. 2008년의 불량 만두소 사건의 사례에서 보듯이 영세한 단무지 업체의 위생 불량 문제가 만두 업계 전체로까지 영향을 미쳐 소비자의 안전에 대한 불신에 이르게 되고 만두 시장 전체를 마비시킨 바 있다. 이후로 만두 회사의 자정 능력, 안전에 대한 투자 확대 등의 노력이 이루어졌지만, 떨어진 소비자의 신뢰를 회복하기에는 많은 시간이 필요했다.

역량 결핍의 원인

그렇다면 이러한 역량 결핍의 이유는 어디에 있을까? 우선 한류열풍의 영향으로 이어진 케이푸드에 대한 높은 관심이 정작 한국 가공식품에 대한 수출 확대로 이어지거나 기타 역량으로 확대 발전하지 못하는 이유는 뭘까? 우리는 왜 한류열풍의 기회를 살리지 못하는 걸까? 그 이유는 우리 식품산업의 고질적인 취약점에서 찾을 수 있다.

우선 한국의 식품기업들은 기업의 발전단계 전반에 걸쳐 어려움을 안고 있으며 이 때문에 아무리 좋은 기회가 눈앞에 펼쳐져도 경

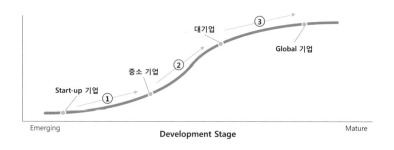

출처: Expert interview

쟁력을 확보하기 어렵다. 다음의 그림에서 보듯 창업에서 식품기업은 중소기업, 대기업, 세계적인 기업으로 발전해가는 기업의 발전단계 전체에 걸쳐 장애요인을 안고 있다.

우선 창업부터 어렵다. 고부가가치 식품 영역인 건강기능식품제조업체는 기능성 원료에 대한 인증이 어려워 신규 아이템을 통한 창업은 엄두를 낼 수 없다. 높은 수준의 제조, 설비 규제, 환경 규제 중심의 설립 허가 등이 창업 장벽으로 작용한다. 실제로 지난 5년간의 통계만 보더라도 신규 고부가가치 식품업체의 창업이 정체되어 있음을 알 수 있다.

구체적으로 살펴보면, 기능성 제품을 인정받기 위해서는 약 5년

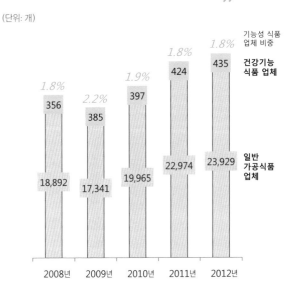

"신규 고부가 식품 업체 설립 정체"

(단위: 개)

	2008년	2009년	2010년	2011년	2012년
기능성 식품 업체 비중	1.8%	2.2%	1.9%	1.8%	1.8%
건강기능식품 업체	356	385	397	424	435
일반 가공식품 업체	18,892	17,341	19,965	22,974	23,929

출처: 식약청, Press Research, Expert Interview

의 기간과 5억 원 수준의 비용이 소요되므로 투자 여력이 부족한 창업기업은 엄두가 나지 않는다. 건강기능성식품업체에 적용되는 의약품 수준의 엄격한 제조, 설비 규제는 고부가가치 창업의 접근성을 떨어뜨린다. 일반 제조업에 적용되는 환경중심의 규제도 마찬가지다. 예컨대, 지역 특산물인 오미자를 이용한 한과 생산업체

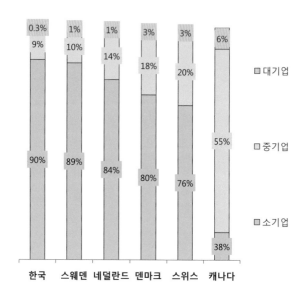

| 종사자수 별 식품 기업 비중 |

대기업
중기업
소기업

한국   스웨덴   네덜란드   덴마크   스위스   캐나다

소기업(20인 이하), 중기업(21~250인 미만), 대기업(250인 이상),
한국, 일본, 미국의 중기업과 대기업 간 구분은 약 300인 이상
출처: 한국농수산식품유통공사, 각 국 통계청, EURO STAT, Press Research

의 창업도 일반 제조업체의 상수원 보호 적용 규정에 따라 허가를
내지 못할 수 있게 된다.

　창업 이후 중소기업의 단계에 접어든다고 해도 어려움은 마찬가
지다. 사실 중소 식품기업들은 영세한 규모로 직접적인 R&D 투자
가 어려운 곳이 대부분이다. 다음의 그림에서 보듯 종사자 수별 식

품기업 비중을 13개 선진국과 비교해보더라도 우리나라 기업들이 얼마나 영세한 상황인지 쉽게 알 수 있다.

물론 영세기업들을 위한 R&D 지원 등 정부의 지원이 있으나, 상용화에 대한 고려 없이 연구를 위한 연구에 그치는 경우가 많아 실효성이 떨어진다. 또한, 이들 중소기업은 유통채널을 확보하지 못해 결국엔 대기업의 하청화에 머무르는 경우도 많다. 중소 S사가 1998년에 출시한 '찰떡파이'의 경우는 2000년에 대기업 유통망을 이용하기 위해 주문자상표부착생산(OEM)방식으로 전환해야 했다. 실제로 한국의 식품기업 중 54.3%만이 브랜드를 소유하고 있는 것이 현재 실정이다.

또한, 중소 식품기업이 우여곡절 끝에 신제품을 내놓았다고 해도 눈 깜짝할 새에 쏟아지는 모방제품으로 신제품 출시 효과를 누리지 못하는 경우도 많다. 최근의 '허니버터칩' 열풍이 대표적 사례이다. 품귀 현상을 빚을 정도로 인기가 있었던 '허니버터칩' 또한 우후죽순으로 쏟아지는 경쟁사의 모방 제품 탓에 소비자에게 피곤함을 유발해 결국 시장에서 외면받는 지경에 이르렀다. 이처럼 제품 모방이 쉬운 식품산업의 특성상, 인기 제품의 모방 제품이 많고 식품 재산권 보호가 미비하여 기업의 R&D 투자 의욕을 떨어트리고 있는 것이다.

대기업인 경우에도 세계적인 기업으로 성장하기에 부족함이 많

다. 식품의 유통과 서비스 중심으로 성장해온 대기업은 고부가가치 영역으로의 연구와 개발에 대한 투자가 미흡해 세계기업의 수준을 갖추는데 어려움이 많다. 우리 기업과 선진 기업들의 매출과 R&D투자 비중을 단순 비교해보더라도 우리 기업들이 훨씬 열세에 있음을 알 수 있다.

우리 식품기업들은 내수시장 중심구조로 성장해왔으며 해외 진출이 세계적 기업들과 비교해 턱없이 부족하다. 또한, 내수 판매를 위한 과도한 독과점 정책을 벌이고 있으나 이에 대한 처벌이 미약

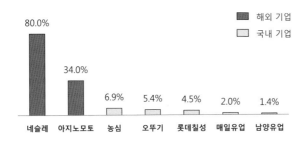

해 지속적인 경쟁력 확보에 어려움이 많다. 예컨대 라면을 생산해 온 식품기업들이 지난 10년간 여섯 차례 가격 담합이 적발되었지만 1,354억 원의 과징금을 부과하는데 그쳤으며 1991년 이후 15년간 설탕의 출고량과 가격 담합으로 부당이득을 취한 기업들에 대해 내려진 처벌은 511억 원의 과징금 뿐이었다. 이러다 보니 근본적인 경쟁력을 갖추기보다는 과징금으로 때우기 식의 부도덕한 경쟁을 일삼기 일쑤가 되었다.

R&D 투자 현황 역시 세계적인 식품 대기업과 비교해 턱없이 부족하다. 스위스의 네슬레는 해외 29개의 R&D 센터를 운영하고 2조 원의 연구개발비를 지출하며 R&D 연구에 투자를 아끼지 않고 있다. 하지만 한국은 상위 20개 식품 대기업이 출원한 특허 수도

| 2014년 기업별 매출액 대비 R&D 비중 |

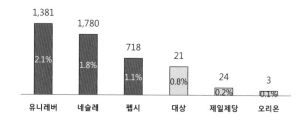

(단위: 백만 달러)

```
1,381
        1,780
                 718
                        21
2.1%   1.8%
               1.1%    0.8%   24
                              0.2%    3
                                      0.1%
유니레버  네슬레  펩시   대상   제일제당  오리온
```

879개에 불과하며 이들 기업은 50억 원에서 200억 원까지 들어가
는 신규 제품 개발보다는 손쉬운 외식 산업에 집중하고 있다.

빅 웨이브 모델(BIC Wave Model)의 도출

이러한 분석을 통해 우리는 한 가지 시사점을 발견할 수 있었다.
앞서 언급한 대로 한국의 브랜드는 한류 열풍으로 김, 불고기, 비
빔밥 등 한국 전통 음식에 대한 수출이 호조를 보이는 등 케이푸드
(K-Food)가 성장하고 있기 때문에 어느 정도 인지도를 형성한 상

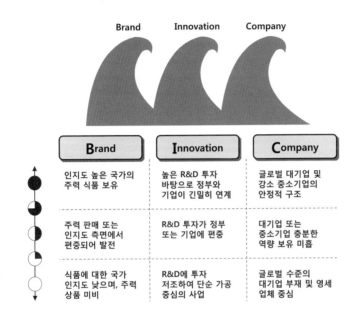

Brand | Innovation | Company

Brand	**I**nnovation	**C**ompany
인지도 높은 국가의 주력 식품 보유	높은 R&D 투자 바탕으로 정부와 기업이 긴밀히 연계	글로벌 대기업 및 강소 중소기업의 안정적 구조
주력 판매 또는 인지도 측면에서 편중되어 발전	R&D 투자가 정부 또는 기업에 편중	대기업 또는 중소기업 충분한 역량 보유 미흡
식품에 대한 국가 인지도 낮으며, 주력 상품 미비	R&D에 투자 저조하여 단순 가공 중심의 사업	글로벌 수준의 대기업 부재 및 영세 업체 중심

출처: Nemo Analysis

태다. 하지만 혁신역량과 기업역량은 매우 부족한 상황이다. 혁신
역량의 경우, 정부 및 연구기관 주도의 R&D 연구가 이루어지고
있으나 제품의 상용화를 통한 기업의 성장에 크게 기여하지 못하
고 있다. 또한, 기업 역량 역시 전체 업체의 약 90% 정도가 영세한
규모이며 식품 대기업도 세계적인 수준으로는 미약하다고 할 수

있다.

다시 말해 한국 식품산업이 세계적인 식품강국이 되기 위해서는 가공영역을 구성하는 브랜드(B), 혁신(I), 기업(C)의 한계를 극복하는데 있으며 바로 이 세가지 요소를 중심으로 빅 웨이브 모델을 도출해 낼 수 있을 것이다.

PART 03

가공식품 분야 6대 강국 분석

FOOD INDUSTRY

가공강국을 찾아내다

한국의 빅 웨이브 모델

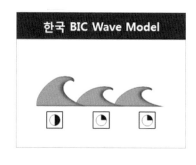

빅 웨이브 모델에 근거한 우리 식품산업의 빅 웨이브 수준은 다음 그림과 같다. 그림에서 보듯, 브랜드 역량이 혁신역량과 기업역량보다 다소 우월하다.

혁신역량이 열위인 이유는 정부와 연구기관 주도의 연구는 활발하나 그 결과가 제품의 상용화나 기업의 성장에 크게 기여하지 못

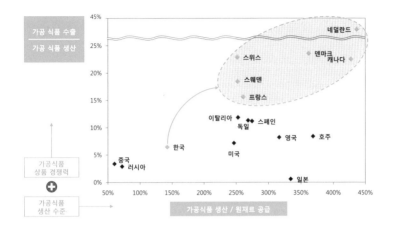

출처: Datamonitor, 한국무역협회, World Bank, Nemo Analysis

하기 때문이다. 기업역량도 마찬가지다. 우리 식품산업은 전체업체의 약 90%가 영세한 규모로 운영되고 있어 선진국 대비 경쟁력이 열세일 수밖에 없다. 또, 식품 대기업도 국내시장에서는 강자이지만 세계수준과 비교해서는 미약한 수준에 불과하다.

그렇다면 빅 웨이브 모델을 13개 식품강국에 적용하면 어떨까? 빅 웨이브 모델의 판단 기준인 가공식품 상품 경쟁력, 즉 원재료 공급대비 가공식품 생산수준과 가공식품 생산대비 가공식품 수출로 도출된 경쟁력 수준을 토대로 살펴본 결과, 빅 웨이브 모델에서 강점을 지닌 곳은 다음의 6개 나라였다. 덴마크, 네덜란드, 스위스, 프랑스, 캐나다, 스웨덴 등이다. 이번 장에서는 이들 나라의 강점을 분석해 이를 토대로 우리나라 식품산업이 지향해야 할 목표를 찾아보기로 하자.

덴마크,
산학연 협력시스템으로 성장하다

덴마크의 빅 웨이브 모델

먼저, 덴마크의 빅 웨이브를 살펴보자. 브랜드와 혁신역량에서
강점을 보이는 덴마크는 산학연 협력을 통해 만들어낸 R&D 에코
시스템으로 지금의 경쟁력을 갖췄다. 이 R&D 에코시스템의 기
반은 바로 외레순 클러스터(Oresund Food Network, 스웨덴과 덴
마크가 합작으로 만든 식품집적지)였다. 클러스터 내에서 낙농업
체와 식품 관련 업체, 연구기관의 협력시스템을 만들고 이를 통해
R&D를 추진했다.

| 덴마크의 빅 웨이브 모델 |

출처: Nemo analysis

| 덴마크 식품 업체 당 생산량 |

" 연간 약 9천3백만 달러의 R&D 투자로 기업의 생산성 지속적 향상 "

(단위: 백만 달러)

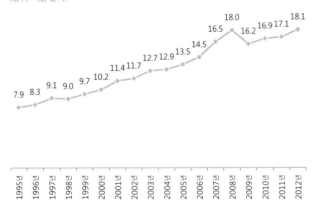

출처: Datamonitor, 한국무역협회, World Bank, Nemo Analysis

R&D 에코시스템에 소속된 연구기관들은 식품업체들의 제품 상용화를 위한 가공 기술 중심으로 연구를 펼치며 식품산업을 R&D 중심으로 발전하도록 했다. 연간 약 9,300만 달러(약 1,108억 원)의 R&D 투자로 기업 전체의 생산성을 꾸준히 높여왔다.

외레순 클러스터의 성장

그렇다면 덴마크 식품산업의 성장과 R&D 에코시스템의 바탕이 된 외레순 클러스터에 주목하지 않을 수 없다. 이 내용에 대해 짚어보도록 하자. 외레순 클러스터의 설립은 1980년대 후반으로 거슬러 올라간다. 당시 덴마크의 실업률은 16%를 웃돌았으며 경제상황은 갈수록 악화일로를 걷고 있었다. 이후 1990년대 초에 이르러 유럽 시장이 전면 개방되면서 유럽 국가들은 다국적 기업들과 무한 경쟁체제에 돌입하게 된다. 이러한 급변하는 상황 속에 덴마크는 덴마크의 핵심 산업인 낙농업 경쟁력을 높이고 영세한 낙농기업의 생존을 위해 자구책 마련에 나선다. 우선 전통적 낙농업 지역에 식품기업과 연구기관을 구축해갔다. 이러한 노력 끝에 1999년, 외레순 푸드 네트워크를 설립하고 본격적인 클러스터 운영체계를 확립시켰다.

│ 외레순 클러스터 에코 시스템 │

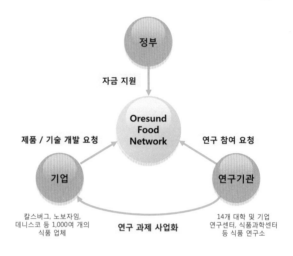

" 영세 낙농 기업의 경쟁력 강화를 위한 업체 연계 및 R&D 지원 "

정부

자금 지원

Oresund
Food
Network

제품 / 기술 개발 요청   연구 참여 요청

기업   연구기관

칼스버그, 노보자임,   14개 대학 및 기업
데니스코 등 1,000여 개의   연구 과제 사업화   연구센터, 식품과학센터
식품 업체   등 식품 연구소

출처: 부산발전연구원, 한국식품유통학회, Nemo Analysis

　　외레순 클러스터의 핵심은 앞서 언급했듯 영세 낙농기업의 경
쟁력 강화를 위한 업체연계와 R&D 지원이다. 이를 위해 외레순
푸드 네트워크에서는 정부, 기업, 연구기관이 에코시스템(Eco-
system)을 구축하여 정부는 자금을 지원하고, 칼스버그, 노보자임,
데니스코 등 1,000여 개의 식품기업은 제품과 기술 개발요청, 기
술개발에 참여하고 있다. 또, 14개 대학과 식품과학센터, 식품연구

소로 구성된 연구기관은 개발 연구에 참여함으로써 개발연구과제가 사업화를 통해 빠르게 상품을 출시할 수 있는 시너지 창출 구조를 구축하였다. 그 결과, 외레순 클러스터는 연 매출 980억 달러(약 117조 원), 연간 22만 5,000명의 고용 창출 효과를 내는 효자 클러스터로 성장하기에 이르렀다.

외레순 클러스터의 대표적인 OFN(Oresund Food Network)기업 지원 프로그램은 R&D 네트워크 구축, 기업 간 네트워크 구축, 트레이닝 및 정보 제공 등 세 분야로 나뉜다.

첫 번째로 'R&D 네트워크'는 기업, 연구소, 대학교 간의 에코시스템을 통해 공동 연구를 추진하는 것이다. 전문 분야에 따라 적합한 기업, 연구 기관을 묶어서 R&D 프로젝트를 실시하며, 대부분의 연구는 상용화에 초점을 두고 진행한다. 또한, 연구기관의 활성화를 위하여 대다수가 사립기관으로 운영되어 상용화에 따른 금전적 이익을 추구할 수 있다.

두 번째로 '기업 간 네트워크'는 기업 간의 가치제안(Value Proposition)을 고려한 매치 마케팅(Match Making)이다. 이는 식품 제조와 관련된 다양한 업체 연합(Pool)을 구성하고 업체 간 시너지 창출을 위한 연결 서비스를 구축해 기업 매칭이나 박람회 등 다양한 행사를 주최하는 것이다. 이때, 영세한 업체끼리는 서로 협동조합으로 묶어 경쟁력을 높이는 방향으로 진행한다.

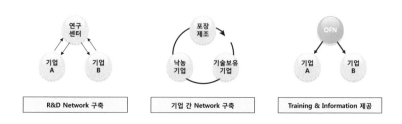

| OFN 기업 지원 프로그램 |

R&D Network 구축

기업 간 Network 구축

Training & Information 제공

출처: Oresund Homepage, Expert Interview

세 번째는 '트레이닝 및 정보 제공'이다. 이는 기업들을 대상으로 식품 관련 기술 트레이닝을 실시하는 것이다. 가공 기술 등의 역량을 강화할 수 있는 전문 강의를 제공하고, 매거진 형태로 식품산업 트렌드와 각종 정보를 정기적으로 공유하는 것뿐만 아니라 대학과 기업 간의 지식을 공유할 수 있는 장을 마련하기도 한다.

외레순 클러스터가 만든 기적

현재 덴마크는 유가공 제품 생산과 수출에서 독보적인 브랜드 위상을 차지하고 있다. 높은 품질과 고부가가치를 내는 유제품의

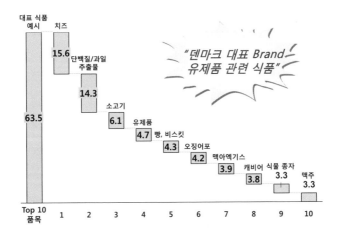

(단위: %)

출처: UN, Press Research

대부분은 세계에서 최고급으로 인정받으며 독일, 스웨덴, 영국 등 전 세계로 수출하고 있다. 최근에는 중동과 일본까지 수출망을 넓히며 수출망 다변화를 꾀하고 있다.

치즈와 버터 등의 유제품 수출은 덴마크의 전체 농업 수출의 20% 이상을 차지한다. 액수로 환산하면, 매년 18억 유로(약 2조 2,000억 원) 규모이다. 덴마크는 세계에서 가장 큰 유기농 낙농협동단체인 알라푸즈(Arla Foods)의 고향이기도 하다. 알라푸즈는 덴마크와 스웨덴 우유 생산자들이 공동소유하고 있으며, 해외의 수많은 나라에서 운영되고 있다.

유기농 강국, 덴마크

이러한 노력에 따라 덴마크는 세계적인 유기농 식품 강국이 되었다. 경지면적의 7%에서 유기농 식품을 생산하고 있으며, 시장 점유율은 약 8% 정도에 이른다. 여기에 2020년까지 유기재배지를 12% 정도까지 확대(현재 한국은 1% 수준)하기 위해 단체급식 유기농 인증, 기술보급을 위한 유기연구센터 운영, 유기 전환 보조금 지급 등 국가주도형 육성 정책을 추진하고 있다.

이러한 정책은 1980년대부터 시작됐다. 유기농 생산 발전을 국가 농업 정책에 포함시켜 집중적으로 키워왔다. 그 덕분에 덴마크는 유럽에서 유기농업을 가장 빠른 속도로 성장시킨 나라가 되었고, 덴마크 소비자들 또한 세계에서 유기농을 가장 선호하는 소비자들이 되었다. 2012년 조사 결과, 덴마크는 유기농 식품에 국민 1인당 연간 175유로(약 21만 원)를 소비해 세계에서 스위스 다음으로 유기농 식품에 큰 비용을 지출한 나라였다.

덴마크 슈퍼마켓에 가면, 유기농 상품과 일반 상품의 가격 차이가 그리 크지 않다. 차이가 전혀 없는 제품도 있다. 그래서 덴마크에서 판매되는 우유의 약 3분의 1이 유기농 우유로 구성된다. 이렇게 유기농 식품산업이 활성화될 수 있었던 것은 수익구조가 생산자에게 유리하게 형성되어 있기 때문이다.

또 덴마크 유기농 식품의 품질의 우수성은 세계적으로 인정받고 있는데, 이렇게 품질이 인정을 받고 관련 산업이 활성화되기까지는 정부의 적극적인 노력이 주요했다. 덴마크 정부는 1980년대부터 유기농 생산으로 전환하는 농부들에게 보조금을 주는 방식으로 유기농 생산을 지원했다. 또한 1995년과 1999년, 두 차례 걸쳐 유기농 식품 생산 촉진을 위한 상세한 시행계획을 준비했다.

이에 따라 1987년에 세계최초로 유기농에 대한 정부 통제를 시행하기도 했다. 정부의 적극적인 개입은 덴마크인들이 유기농제품에 대해 신뢰를 하게 한 중요한 요인이 되었다. 덴마크 정부가 유일하게 인증한 유기농 마크, 'Ø-label'을 받은 유기농 제품은 덴마크 소비자들의 전적인 지지를 얻는다.

Ø-label은 정부에서 관리하고, 상품에 본 라벨을 붙이기 위해서는 까다로운 조건들을 모두 충족해야 한다. 'Ø-label'이 라벨이 붙는다는 것은 정부가 보장하는 유기농 상품이란 뜻으로 덴마크 국민의 96% 정도가 알고 있고 신뢰도도 상당히 높다. 이러한 신뢰의 바탕에는 엄격한 관리가 뒤따른다. 일단, 유기농 농장은 유기농 제

품이 비유기농 제품과 섞이지 않도록 해야 한다. 만약 농가가 이 규정을 무시하면, 벌금을 내거나 유기농 제품을 배분할 수 있는 자격을 박탈당한다.

농가가 유기농 식품을 팔기 위해서는 관련 당국의 허가를 받아야 한다. 허가 기준에는 2년 동안 유기농으로 밭을 경작하는 것이 포함된다. 그리고 2년 동안에 해당 밭은 엄격한 유기농 기준을 모두 만족시켜야 한다. 2년의 기준을 성공적으로 준수했을 경우만 그 제품이 정말 유기농이 된다. 적어도 1년에 한 번, 유기농 생산자들은 지역의 식품이나 농수산부서의 점검을 받고 있다.

데니쉬 크라운의 성공

앞에서 언급했듯 기업과 연구 네트워크를 통해 성장한 대표적 기업이 바로 육가공 전문업체인 데니쉬 크라운(Danish Crown)이다. 단순 가공육, 소시지, 미트볼, 간편가정식 등 고기 가공 전문식품으로 매출 100억 달러(약 12억 원)의 중견기업인 데니쉬 크라운은 1998년 이전만 해도 소규모 협동조합단체가 모여 있는 형태였다. 이들은 1998년에 본사와 R&D 센터를 외레순에 설립하고 육류 가공업체인 튤립 인터내셔널(Tulip International)을 인수한 이후

UN 승인 하에 육가공협동조합 업체인 Vestjyske Slagterier와 합병하였다.

1999년에는 자회사 튤립 인터내셔널 식품가공업체와 데니쉬 크라운이 합병하여 튤립 푸드 컴퍼니(Tulip Food Company)로 회사 명칭을 변경한 이후 2002년에 덴마크 소시지 가공업체 Steff-Houlberg와 합병하며 성장해갔다. 이어서 2004년에는 자회사 튤립 푸드 컴퍼니가 독일 육가공업체인 Oldenburger Fleishwarenfabrik을 인수하기에 이른다. 2007년에는 클러스터 내 네크워크를 통해 식품기계 제조업체(Alfa Laval)와 협력하며 제품 생산성을 증대시켰다.

그 이후 2009년도에 스웨덴 도축업체 Ugglarps를 인수, 2014년에 클러스터 내 연구센터인 Danish Technological Institute와 단백질 가수 분해 산물 개발을 위한 공동 연구 진행을 하였다. 또한, 2015년에는 경쟁 돈육가공업체인 Tican을 인수하며 매출 100억 달러(약 12조 원) 규모의 중견 기업으로 성장하기에 이른다.

이렇듯 다각적인 네트워크 구조를 통해 데니쉬 크라운은 구매와 물류, 운영생산, 출하물류, 마케팅 판매, 서비스 등 가치사슬상 본원적 활동에 해당하는 부분은 협동조합의 각 산하조직들에 의해서 이뤄지고, 기업 인프라, 인적자원, 기술개발, 원료조달 등 지원활동은 덴마크 베이컨&돈육위원회(DS)와 그 산하의 지원조직 등의 공적 영역에서 도움을 받으며 운영된다.

즉 기업인프라 관리 활동이 도축협동조합들의 연합체인 덴마크 베이컨&돈육위원회가 주도, 법과 제도를 정비하고 가공육 사업을 구성하는 경영체들 간의 이해관계를 조율한다.

또, 인적자원관리활동은 덴마크식육산업대학(DMTC)과 덴마크 농업자문서비스(DAAS)에 의해 도축가공 인력의 공급과 재교육, 농가에 대한 컨설팅과 교육을 지원받는다. 기술개발활동은 덴마크 식육산업연구소(DMRI)가 맡아서 도축장 가공공장에서 필요한 생산품질, 식품안전, 자동화 기술 등을 지원받고 있다.

최근 웰빙 식품에 대한 관심이 높아지고 동물복지 개념이 중시되면서 데니쉬 크라운은 안전성, 동물복지, 이력추적 등 세가지 이슈에 부합하는 엄격한 생산, 이송, 도축, 가공 단계 체계를 갖추었다. 높은 인건비와 물류비용에도 불구, 지속적인 경쟁력을 유지해 덴마크가 세계 최대 가공육 수출국으로 입지를 다지는데 기여를 했다.

알라푸즈의 성공

또 하나의 성공 기업사례는 알라푸즈다. 알라푸즈는 신선유제품, 치드, 버터&스프레드, 우유분말 등 기타 유제품으로 130억 달러(약 16억 원)의 매출을 올리고 있는 유제품 가공 전문업체다. 이 기업에서 보유한 브랜드만 36개, 종업원 수 5,479명, 소속 농가수가 1만 2,629채에 이르며 유럽에서 가장 큰 낙농업체로 성장했다. 알라푸즈는 덴마크 우유의 90% 이상과 스웨덴 우유의 3분의 2를 가공한다. 그리고 30개의 소규모 덴마크 유제품 회사들과 함께 매년 47억 kg의 유제품을 가공한다.

알라푸즈의 성공요인은 덴마크가 세계 최대 우유 생산지임을 활용함과 동시에 클러스트를 통한 연구개발을 지속해 높은 품질과 고부가가치의 유제품을 생산했기 때문이다. 현재 제품의 대부분은 세계에서 최고급으로 인정받으며 독일, 스웨덴, 영국 등 전 세계로 수출하고 있다.

네덜란드,
푸드밸리 경쟁력을 키우다

네덜란드의 빅 웨이브 모델

네덜란드의 빅 웨이브는 혁신과 기업역량에 강점을 지닌 R&D 중심의 발전 형태를 보인다. 특히 중소 식품 기업의 창업과 육성에 집중하고 있다.

네덜란드는 세계 최고 수준의 식품 기술을 통해 작물, 낙농 등에서 다양한 브랜드를 구축하고 종자 연구에서부터 가공, 추출 기술 등의 응용 기술까지 전방위적 영역에서 선두를 달리고 있다. 고도화된 기술을 이용해 스타트업 기업 육성에도 집중하고 있으며, 푸드밸리에서는 대기업 중심의 기초연구, 중소기업 중심의 상용

화 기술을 연구한다. 이러한 푸드밸리를 통한 식품산업 발전으로 70만 명의 고용창출 효과를 내고 있으며 연 매출 630억 달러(76조

원) 수출, 325억 달러(약 39조 원)의 부가가치를 내고 있다. 이는 네덜란드 GDP의 10%에 해당하는 규모다.

현재 네덜란드는 세계 2위의 농업 수출국으로 농업 수출 총액은 2011년 기준 728억 유로(2011년 기준 약 80조 원)에 달한다. 이는 전 세계의 농업 수입액 중 약 7%, 네덜란드 전체 수출액 중 20% 가량을 차지하는 규모다. 농업은 전체 네덜란드 경제의 약 10%를 차지하며, 농업 종사자 수는 66만 명가량이다. 네덜란드에서 주로 생산되는 작물은 감자, 옥수수, 보리, 사탕무, 양파(네덜란드는 세계 최대의 양파 생산국) 등이며, 네덜란드의 온실에서는 토마토, 후추, 오이가 가장 많이 생산된다.

식·음료산업은 602억 유로(약 80조 원)의 부가가치를 창출하고 있으며, 산업 전체 부가가치의 5.6%를 차지하고 있다. 부가가치 생산액과 전체 산업에서 차지하는 비중은 지난 5년간 지속하여 상승하고 있다. 네덜란드에 기반을 두고 있는 대규모 식·음료품 기업들이 산업 경쟁력을 높이고 있는데, 전 세계 상위 40위권 식·음료품 회사 중 4개사가 네덜란드 기업이며, 12개의 회사가 네덜란드에 주요 생산시설이나 R&D 시설을 두고 있다.

특히, 네덜란드 와게닝엔(Wageningen)에 있는 푸드밸리는 2004년에 공식적으로 출범했으며 이후 1만 5,000명의 과학자와 70개의 식품회사, 1,440개의 식품 관련 회사, 20개의 연구기관, 와게닝엔 대학과 연구소(WUR)로 구성된 세계적 수준의 농식품 클러스터로 성장했다. 이곳 푸드밸리는 살아있는 유기체처럼 기업과 대학, 연구소, 정부와 지원기관이 서로 밀접하게 연결되어 시너지 효과를 높이고 있다.

네덜란드의 핵심 역량

이렇듯 네덜란드는 과거부터 축적해온 혁신역량을 바탕으로 식품 기업의 창업과 육성에 집중하고 있다. 농경지 면적은 약 94만 헥타르(약 28억 평)로, 한국의 절반 수준에 불과하며 토지와 노동 비용이 많이 들어 불리한 조건을 가졌지만, 생산성의 지속적 증대를 위해서 기술 개발에 집중하고 있다.

이 덕분에 R&D 중심의 농업을 육성하고 푸드밸리 설립을 통해 농식품 R&D를 집중적으로 육성하고 있다. 또한, 세계적 수준의 3대 농식품 전문 연구소를 통해 농업 생산성을 극대화해 세계 최고 수준의 노동 생산성을 가지게 되었으며 세계 2위의 농식품 수출국이 되었다.

특히 푸드밸리의 핵심 연구기관인 와게닝엔 대학 연구센터(WUR)은 농식품과 생명과학 분야에서 세계 최고 수준의 연구기관으로

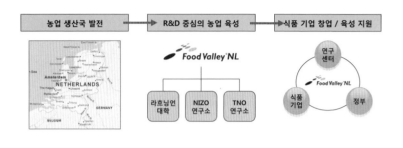

출처: 한국경제지리학회, Expert Interview

인정받고 있으며, TNO 연구소와 NIZO 연구소 등이 대표적인 연구기관으로 꼽힌다.

　NIZO연구소는 1984년 약 200여 낙농가에 의해 출자된 민간 낙농업 연구소였으며 업체와 계약연구를 주로 하고 정부의 지원은 전혀 없었다. 설립 당시에는 낙농업 연구에 초점을 두었으나 현재는 식품에 관한 일체의 연구를 수행하고, 약 200여 명의 연구원이 근무 중이다. 기업들이 위탁한 연구만 수행하는데 연구소 수입의 60%가 외국업체의 위탁연구이며 연구원의 15~20%가 외국인으로 구성돼 있다.

　TNO연구소는 푸드밸리에서 가장 큰 규모의 연구소로 약 5,000명의 인력이 근무하고 있으며 세계적인 시장수요에 대응한 연구를

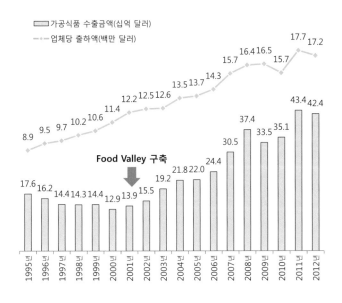

가공식품 수출금액(십억 달러)
업체당 출하액(백만 달러)

8.9 9.5 9.7 10.2 10.6 11.4 12.2 12.5 12.6 13.5 13.7 14.3 15.7 16.4 16.5 15.7 17.7 17.2

Food Valley 구축

17.6 16.2 14.4 14.3 14.4 12.9 13.9 15.5 19.2 21.8 22.0 24.4 30.5 37.4 33.5 35.1 43.4 42.4

1995년 1996년 1997년 1998년 1999년 2000년 2001년 2002년 2003년 2004년 2005년 2006년 2007년 2008년 2009년 2010년 2011년 2012년

출처: 한국경제지리학회, Expert Interview

하고 그 결과물인 자체개발 기술을 세계적으로 판매하고 있다. 또한 식품개발뿐만 아니라 업계와 정부를 상으로 식품정책, 기술컨설팅, 정보제공, 안전성, 건강, 창업등록 등 전 분야에 걸쳐 컨설팅과 연구를 수행하고 있다.

네덜란드는 이러한 배경 아래 새로운 기능성 가공식품 제품 개발에 앞장섰다. 특히 비만이나 대사증후군에 효과가 좋은 건강식품, 저지방, 고단백, 저염식 등 영양학적 제품의 개발에 집중하면서 10년간 46개의 특허를 획득하기도 했다. 또한, 중소기업-연구기관과의 협력 상용화 기술 개발을 통해 단기 연구를 수행하고 있다. 요컨대 75개에 이르는 중소기업은 상용화 가능한 아이디어를 요청하고 혁신 중개자(Innovation Broker)에 의해 타당성 판단과 지원 여부를 결정해 건강기능식품 제품을 개발, 실용화하는 식이다. 이와 관련해 바이오 성분, 기능성 식품 안전 관련 등 기능성 중심 연구가 시스템적으로 상용화되어 있다.

네덜란드 세부 R&D 프로그램

네덜란드는 대기업 연구기관 협력을 통한 기초연구와 중소기업 연구기관 협력 상용화 기술개발의 두 트랙(Two Track)으로 R&D를 추진하고 있다. 우선 대기업 연구기관 협력 기초 연구는 기능성 분야에서 10년 동안 장기적으로 이뤄지고 있다. 예산은 정부, 연구기관, 민간이 공동으로 부담한다. 주요 연구분야는 영양, 건강, 감각구조의 3대 기능성 분야이다.

중소기업 연구기관 협력 상용화 기술개발은 응용과 실용화를 중점으로 1~3년간의 단기연구를 수행하는 형태로 진행된다. 정부 연구기관이 예산을 주로 공동 출연하며, 중소기업의 부담을 덜어주기 위해 중소기업은 적은 금액을 출연한다. 개발주제는 바이오 성분, 기능성, 식품 안전 관련 등 기능성 중심연구를 바탕으로 상용화하는 것이다.

또한 푸드밸리 내 조직된 '푸드밸리재단'에서는 매년 혁신제품을 선발하여 '푸드밸리상'을 수여한다. 그리고 전시회, 세미나, 홍보, 방문객 안내 창구 기능을 맡아 처리한다. 푸드밸리재단은 네덜란드 경제농업혁신부, 지방정부, 와게닝엔 시당국, EU, 와게닝엔 연구센터, 회사들이 참여하여 컨소시엄형태로 설립됐다. 베테랑급 네트워크 전문가 14명이 실무자로 활동하면서 푸드밸리 내 110개 정도의 다양한 모임들을 거미줄처럼 서로 연결하고 정보를 원활하게 유통시키고 있다.

푸드밸리 상을 받은 혁신제품의 예로는 '발레스(Valess)'가 대표적이다. 제1회 푸드밸리 상을 받은 이 제품은 고기를 대신할 수 있는 다이어트 식품소재라는 아이디어에서 출발했다. 암스테르담 호텔 주방장 출신 80세 노인의 아이디어였다. 즉, 우유 단백질과 해조류에서 새로운 섬유질을 분리해 이전엔 없던 기능성 신소재를 만들겠다는 것이었다. 당시 푸드밸리재단 사무국에서는 프리스란드캄피나라는 회사의 연구소와 아이디어 제공자를 연결해주었다. 타당성 조사 결과 육질 맛을 그대로 살리면서 다이어트 효과가 있다면 시장에서도 반응이 괜찮을 것이라는 평가가 나왔다. 물론 시장에서는 이미 고기를 대체할 수 있는 다른 식품소재들이 팔리고 있었지만 '발레스'처럼 소화가 뛰어나고 식감이 좋은 섬유질 소재는 없는 상황이었다.

이에 연구가 진행됐다. 우선 치즈를 만들고 남은 우유 부산물에서 단백질을 분리했다. 그 단백질에다 해조류로부터 얻은 다이어트 성분이 함유된 섬유질을 섞었다. 육질이 고기와 구분하기 어려울 정도로 좋았다. 다만, 밋밋한 맛이 문제였다. 향과 약간의 매운 맛, 철분과 비타민을 첨가하자 맛과 영양분도 고기와 비슷해졌다. 이렇게 해서 지방질이 제거된, 고기와 흡사한 식품소재 '발레스'를 만들 수 있었다.

고기보다 원재료 가격이 낮아서 이윤 폭도 컸고, 무엇보다 버려지던 치즈 부산물을 활용하기 때문에 환경 친화적이었다. 또한, '발레스'는 혀끝에서 맛의 혁신을 가져왔다. 고기는 아니지만 고기와 구분할 수 없을 만큼 정교하고 완전하게, 새롭게 만들어진 바이오 신소재로 인정 받았다. 이후, '발레스'는 시장의 판도를 바꿔놓았다. 엄청나게 버려지던 우유 부산물을 이용함으로써 낙농가들에는 더 높은 수익을 가져다주었다. 다이어트 흐름을 타고 스위스, 벨기에, 독일 등에서도 인기를 끌었다. 관련된 포장산업도 새롭게 창출됐다.

이처럼 푸드밸리에서는 혁신의 역사가 차곡차곡 쌓이며 네덜란드 식품산업의 경쟁력으로 이어지고 있다. 또 다른 예를 보자. 네덜란드에서는 매년 5억 톤의 채소부산물이 발생한다. 그 중 일부만 닭의 사료로 쓰이고, 대부분 하수구에 버려졌다. 이를 지켜보던 한 기업에서는 채소부산물을 깨끗이 씻어 야채 건강음료로 만들어 큰 수익을 올리고 있다. 또, 감자스틱을 튀길 때 기름을 전혀 사용하지 않음으로써 지방질을 10% 정도 줄일 수 있는 튀김기술을 개발한 제품도 푸드밸리 상을 받았다.

FOOD
INDUSTRY

스위스,
거대기업 네슬레를 키우다

스위스의 빅 웨이브 모델

스위스의 빅 웨이브는 브랜드와 기업역량에서 강점을 보인다.
특히 글로벌 식품 기업 1위인 네슬레의 성장이 스위스의 식품산업
성장을 이끌고 있다.

네슬레는 곧 스위스

네슬레는 세계 1위 다국적 식품 기업으로 커피 브랜드 네스카페,

스위스의 빅 웨이브 모델

테이스터스 초이스 과자류 브랜드 킷캣, 크런치, 폴로 음료브랜드 마일로, 네스티, 페리에 등 8,500여 개의 다양한 브랜드를 생산·유통하고 있는 글로벌 기업이다. 현재 매출은 1,000억 달러(약 118조 원)에 육박하며 33만 명의 종업원을 보유하고 있으며, 197개 국가에 진출하였으며, 86개 국가에 442개의 공장을 보유하고 있다.

네슬레의 연혁을 살펴보면 1905년 네슬레의 전신인 인공모유기업 '패릭락테 앙리 네슬레'와 연유 제조기업 '앵글로 스위스 연유사'가 합병하면서 출발하였다. 사업초기 분유와 연유 등 낙농업 중심의 제품을 개발하여 초기 기업을 성장시켰다. 이후 새로운 주력 제품 개발을 위해 초콜릿 개발에 집중하였으며, 1940년경에는 군인들의 커피소비를 시작으로 커피사업으로 영역을 확장하였다.

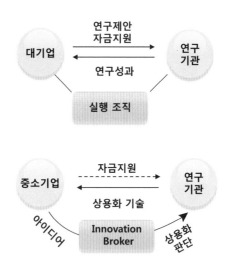

출처: 농림축산식품부, Food Valley 홈페이지, Expert Interview

1900년대 후반에는 다수의 중소 규모 식품업체들과 인수 합병을 이어갔다. 소비자의 다양한 욕구에 대응하기 위한 전략이었다. 이후 원유가격 상승과 경제 악화로 위기를 맞기도 했지만, 내부 구조조정과 전략적 합병을 통해 사업 재정 상태를 개선해 나갔다.

2000년대에 들어서는 기존 제품을 개선한 밀크 초콜릿, 헤이즐넛 초콜릿, 인스턴트 커피를 개발해 글로벌 시장 공략에 나섰

(단위: 억 달러)

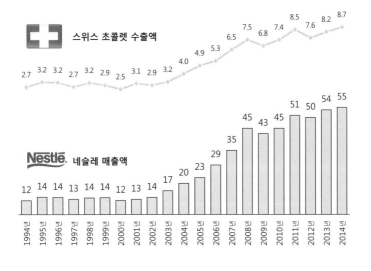

" 네슬레의 성장이 스위스의 식품산업 성장에 주요한 역할을 하고 있음 "

출처: Nestle 홈페이지, UN

다. 2007년, 네슬레는 72개의 식품 브랜드를 보유하기에 이르렀
고 스위스 최대 생수 생산 기업인 헤니츠(HENNIEZ)를 인수하
며 가장 큰 생수 원천과 현대식 생수를 병에 담는 시설을 보유하
게 되었다. 최근에는 영국 킷캣(kit kat) 브랜드 보유사인 '라운트리

(Rowntree)', 이탈리아 생수업체인 '산펠레그리노(San pellegrino)' 등을 지속해서 인수해 사업다각화 노력을 멈추지 않고 있다. 이러한 노력으로 네슬레는 스위스 전체 GDP의 12%를 차지하는 거대 기업으로 성장하였다. 특히 글로벌 기업인 네슬레 덕분에 스위스의 초콜릿 브랜드는 더욱 활성화되었고 스위스 브랜드를 세계에 알린 일등공신이 되었다.

이전 페이지 그림에서 보듯 네슬레의 성장은 곧 스위스 식품산업의 성장과 흐름을 같이하고 있다.

스위스의 주요 수출 브랜드

스위스는 상위 10위권 수출 품목들이 전체 수출규모의 86%를 차지한다. 주요 품목은 탄산수, 초콜릿 등 대기업 위주의 가공식품이다. 언급했듯, 초콜릿은 분유를 이용한 밀크 초콜릿, 콘칭법과 저온처리법 등 혁신적인 제조방법을 통해 경쟁력을 높여왔다. 또한, 스위스는 호수, 빙하, 지하수 등 풍부한 수력 자원을 보유하고 있어 생수가 수출에 큰 부분을 차지하고 있다. 지난 2007년 네슬레가 인수한 헤니츠(HENNIEZ)는 세계 생수시장 매출의 1.5%인 140억 프랑(약 17조 원)을 차지하고 있다. 특히 생수와 유사 제품인 탄산

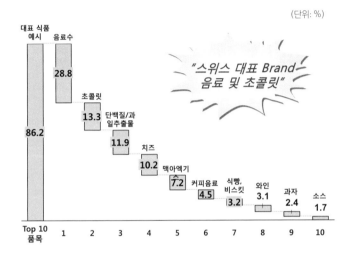

(단위: %)

대표 식품 예시

음료수 28.8

초콜릿 13.3

단백질/과 일추출물 11.9

치즈 10.2

맥아엑기 7.2

커피음료 4.5

식빵, 비스킷 3.2

와인 3.1

과자 2.4

소스 1.7

86.2

"스위스 대표 Brand 음료 및 초콜릿"

Top 10 품목   1   2   3   4   5   6   7   8   9   10

출처: UN, Press Research

수는 다이어트와 소화불량 해소에 도움이 된다는 인식과 함께 유럽을 시작으로 전 세계적인 수요가 증가하였다.

프랑스,
세계적인 브랜드 와인을 만들다

프랑스의 빅 웨이브 모델

　프랑스의 빅 웨이브를 살펴보면 다음과 같다. 프랑스는 브랜드 육성을 통해 혁신과 기업의 발전을 이끌었다. 특히 프랑스를 대표하는 브랜드인 와인을 육성하기 위해 정부 차원에서 각종 정책 지원과 품질관리에 나섰다.

　특히 전 지역에 걸쳐 영세 와인업체의 육성을 위해 각 지역에 맞는 와인의 특화와 브랜드화로 세계적인 와인 명가를 만들 수 있었다. 그 육성 방안은 다음의 세 가지로 요약된다.

　첫째, 국가 차원에서 엄격한 품질 관리를 주도했다. 와인 등급제

등 다양한 규제와 법률제정을 통해 품질관리 체계를 마련했다.

프랑스의 와인 등급은 위의 그림과 같이 총 4단계로 분류된다. 피라미드의 가장 아래에 있는 '뱅 드 따블르(Vin de Table)' 등급, 흔히 테이블 와인이라 불리는 등급의 와인은 원산지 표시를 전혀 할 수 없다. 만약 프랑스 여러 지역의 포도주를 섞으면 'Vins de Table de France(프랑스산 테이블 와인)'이라 표기하고 유럽 여러 지역에서 온 포도주를 조합했을 때에는 "Melange de vins de differents pays de l'Union Europeenne"라고 표기하는 것을 원칙으로 하며 해당 와인에는 수확연도를 적을 수 없게 되어있다. 흔히 상품명으로 판매되는 이 테이블 와인들은 일반적으로 늘 같은 품질을 유지하고 있다. 다음으로 아래에서 두 번째로 위치한 '뱅 드

최상위

최하위

AOC ——— 원산지 표시 등급 와인

VDQS ——— 우수품질 와인

Vin de pays ——— 지역등급 와인

Vin de table ——— 테이블 와인

페이(Les Van de Pay)' 지역 등급 와인은 원산지를 표기할 수 있다
는 점에서 테이블 와인과 구별된다. 예를 들어 랑그독 지방의 와인
인 경우 '뱅 드 페이 독(Vins de Pays d'Oc)' 라고 표기된다. 테이블
와인에 비해 조금 더 질이 좋다는 특징을 지니고 있다. 그리고 최고
등급 바로 아래인 '뱅 데리미테 드 칼리테 슈페리어(Vin Delimite
de Qualite Superieure)' 등급의 와인은 우수품질 와인이라는 뜻
이다. 테이블 와인과 AOC등급의 중간 단계로 이 등급부터 본격
적인 정부의 규제가 시작된다. 마지막으로 가장 우수한 품질을 지
닌 최고 단계의 와인인 '아펠라시옹 도리진 콩트롤레(Appellation
d'Origine Controlee)', AOC 라고불리는 이 등급의 와인은 가장 까
다로운 규칙을 적용한다. 즉 AOC 표기를 하기 위해서는 다음과 같

은 사항을 의무적으로 따라야 한다.

첫째, AOC를 생산할 수 있도록 엄격히 지정된 떼루아르(Te-rroir)를 지켜야 한다. 떼루아르란 포도밭의 토양, 위치, 지형적 조건, 기후 등을 말하며 와인의 품질을 결정하는 핵심적인 요소라 할 수 있다.

둘째, 품종 선별로 반드시 해당 와이너리에 알맞은 고급 품종들로만 구성된다.

셋째, 재배 및 포도주 양조기술을 숙성하는 기술에 반드시 사람의 수작업을 거쳐야 한다.

넷째, 수확량을 지켜야 한다. 식목 시의 밀도, 최소 알코올 도수, 원산지 통제명칭 위원회의 담당 하에 전문가들에 의해 엄격히 통제된다. 이와 같은 까다로운 과정을 거친 AOC는 지역별 전통을 존중해 주면서 그 포도주에 품질과 특징을 보증한다.

프랑스를 세계적인 와인명가로 육성한 두 번째 비결은 지역 경쟁력 확보와 차별화를 위한 지역별 특화 제품의 생산이다. 프랑스의 지리적 이점과 다양한 재배 품종을 바탕으로 지역별 특화제품을 육성하고 이를 브랜드화하는 것이다. 예를 들어 와인의 대표 생산지인 보르도 지역은 레드, 화이트 와인을 생산하고 있으며 이 밖에도 다양한 지역별 대표 제품이 존재한다.

마지막으로 프랑스를 와인 대표 생산국으로 만든 비결은 바로

상파뉴산 샴페인
들라모뜨
부르고뉴산 레드와인
삐에르 라베
보르도산 레드와인
미쉘 린치

상파뉴
루아르벨리
부르고뉴   알자스
코트 뒤 론
보르도   프로방스
랑그독 루시옹

출처: Press Research

중소 와이너리 브랜드의 강화다. 고급와인을 통한 고부가가치 창
출 업체가 증가하게 하고 영세업체의 경우에는 보조금과 수출장려
등의 정책적 지원을 함으로써 업체의 성장을 도운 것이 성장의 동
력이 되었다.

정부의 노력이 만든 명품 브랜드

이처럼 정부 차원의 영세 와이너리 브랜드 육성과 지역별 특화
발전 정책은 프랑스 와인의 가치를 높이고 프랑스산 와인이 세계
10대 와인 브랜드 순위를 모두 차지할 수 있게 했다. 이 밖에도 지

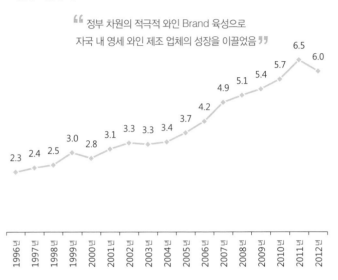

(단위: 백만 유로)

" 정부 차원의 적극적 와인 Brand 육성으로
자국 내 영세 와인 제조 업체의 성장을 이끌었음 "

2.3 2.4 2.5 3.0 2.8 3.1 3.3 3.3 3.4 3.7 4.2 4.9 5.1 5.4 5.7 6.5 6.0

1996년 1997년 1998년 1999년 2000년 2001년 2002년 2003년 2004년 2005년 2006년 2007년 2008년 2009년 2010년 2011년 2012년

출처: EURO STAT, Press Research

역별 제품을 다각화해 세계적인 인지도를 보유할 수 있도록 도왔으며 이를 통해 생산지명을 브랜드화한 보르도(Bordeaux), 마고 (Margaux) 등 세계적인 브랜드가 탄생하였다. 포도 생산량 확대를 위해 과감한 R&D를 시행하고 포도 품질 개량과 품종 개발 연구를 통해 지속해서 새로운 제품 개발을 이어가고 있다. 앞서 소개된 그

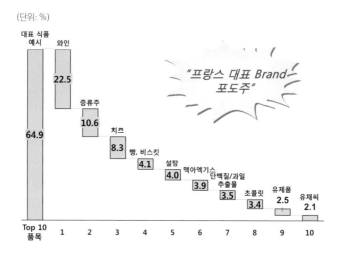

출처: UN, Press Research

림처럼 와인 제조업체당 생산 규모가 꾸준히 늘어난 것을 보면 프랑스 정부의 노력이 결실을 낳고 있다는 것을 알 수 있다.

또, 프랑스의 식품 수출 품목 가운데 와인이 상위 10개 품목 중 20% 이상을 차지하며 그 역량을 드러내고 있다.

FOOD
INDUSTRY

캐나다,
중소업체의 힘으로 세계를 흔들다

캐나다의 빅 웨이브 모델

캐나다의 빅 웨이브는 브랜드와 기업역량에서 강점을 보이며, 자국 소비대비 127%의 농산물 자급률을 보유하고 있을 정도로 풍부한 원재료를 바탕으로 농업 가공품 중소업체를 육성했다.

거대 농산물 가공식품 국가

무엇보다 캐나다는 68만㎢(약 200평)의 농지를 보유하고 있는

거대 농산물 생산국으로 농산물 자급률이 127%에 이르는 세계 4
대 농업 수출국이다. 가공식품 수출의 대부분이 중소기업의 농산
물 가공을 통해 이뤄지고 있다. 대표 제품으로는 카놀라유 등 곡물
가공제품으로 캐나다 업체의 전체 가공식품 수출의 60%가 세계
최대 소비국인 미국으로 향한다.

특히 캐나다는 세계 메이플 시럽 생산의 91%를 차지하는 것으
로도 유명하다. 메이플 시럽은 오랫동안 캐나다 문화의 일부가 되
어 왔다. 캐나다의 원주민들은 초기 정착인들에게 수액을 채취하
여 그것을 끓여 메이플 시럽을 만드는 법을 가르쳐 주었고 메이플
설탕은 북미의 동부에서 처음으로 생산된 설탕의 종류로 사탕수수
설탕을 사용하기 시작한 1875년 전까지 대표적인 감미료였다.

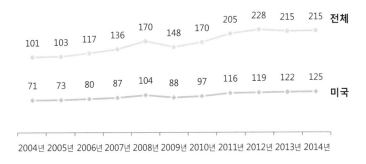

| 캐나다 가공식품 수출 실적 |

전체
205 228 215 215
101 103 117 136 170 148 170

미국
71 73 80 87 104 88 97 116 119 122 125

2004년 2005년 2006년 2007년 2008년 2009년 2010년 2011년 2012년 2013년 2014년

출처: 캐나다 통계청, UN, Press Research

캐나다산 메이플 시럽 제품은 현재 세계 전역의 45개국에서 소비되고 있으며, 전통적인 메이플 시럽에서 메이플 설탕, 메이플 버터, 메이플 사탕은 물론 씨리얼, 요구르트 등과 같이 메이플 시럽을 함유한 다양한 제품들이 존재한다.

이와 같은 메이플의 대량 생산이 가능했던 이유는 캐나다 산림이 장대한 적단풍, 흑단풍, 사탕단풍나무로 이루어져 있고, 이 숲이 울창해지는 봄이 되면 추운 밤 기온과 따뜻한 낮 기온이 적당히 어우러져 메이플 시럽을 생산하는 데 사용되는 투명한 수액이 다량으로 만들어지기 때문이다. 캐나다에서 메이플 시럽은 온타리오주, 뉴브런즈윅 주, 노바스코샤 주에서 주로 생산되며 메이플 시럽

제조업체만 총 806개에 이른다. 이 가운데 100인 이하의 중소업체
가 99.6%를 차지하는 것은 캐나다 메이플 시럽 생산의 가장 주요
한 특징이라고 할 수 있다. 중소기업을 통한 브랜드 육성 체제가 정
립된 것이다.

또한, 캐나다 하면 빼놓을 수 없는 것은 카놀라유라고 불리는 곡
물 가공 제품이다. 카놀라(Canola)는 캐나다에서 품종 개량한 종자
로 캐나다(Canada)와 오일(Oil)의 합성어이며, 카놀라유란 카놀라
종 유채씨에서 얻은 기름을 말한다. 카놀라유는 포화지방산이 적
고 올레산(oleic acid), 리놀렌산(linolenic acid) 등 불포화지방산이
많아 콜레스테롤을 낮추고 혈압강하 효과가 있는 좋은 기름으로
알려졌다. 이에 전 세계적으로 웰빙 바람이 불면서 카놀라유는 올

카놀라유의 원료가 되는 유채씨

리브유, 포도씨유와 함께 고급식용유로 기존의 대두유, 옥수수유 등 일반식용유 수요를 대체하고 있다.

다음 그림처럼 캐나다의 상위 10위권 이내의 식품 수출 품목을 보더라도 앞서 언급한 유채씨, 유채유(카놀라유) 등을 비롯한 농산물 관련 가공식품이 수출을 주도하고 있는 것을 알 수 있다.

건강기능식품의 연구

특히 최근 캐나다는 산업 간의 융합을 통해 건강기능식품 시장

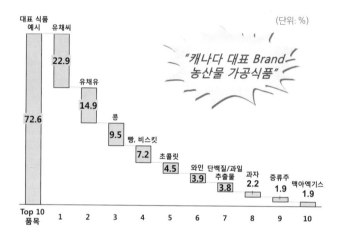

출처: UN, Press Research

에 집중하고 있다. 캐나다 정부는 식품 외 산업과의 융합으로 건강 기능식품 시장의 기반을 만들고 있는데, 이를 주관하는 것이 캐나다 농업식품의학연구소(CCARM, Canadian Centre for Agri-Food Research in Health and Medicine)다. 이곳에서는 음식이나 식품으로 가공된 제품의 건강기능성을 연구하고 있다. 예컨대 구전으로 전해지는 식품의 기능성을 연구함으로써 그 기전을 밝혀내고 적극적인 상품화로 유도하는 것이다.

이를 위해 1999년, 300만 달러(약 36억 원)를 투자해 설립한 CCARM은 주로 캐나다 중서부 지방에서 생산되는 식품이나 농산물에 대한 연구에 집중했다. CCARM은 기능성 식품과 질병치료 식품을 연구하는 마니토바대학 병원연구소 내에 설립되어 특히 임상실험에 두각을 나타내며 대학 내 농과대학과 식품영양학과 등과 교류해 연구를 진행하고 있다.

마니토바 대학에서 진행되는 캐나다 건강기능식품의 사업화는 4단계를 거치는데, 첫째는 상품화가 가능한 원료 탐색, 둘째 소비자의 니즈와 시장 분석(일본, 동남아, 중국, 유럽 등), 셋째 기술화와 상품화, 넷째 디자인과 영업, 생산과 출시, 판매 등의 단계다.

스웨덴,
클러스터 경쟁력을 활용하다

스웨덴은 덴마크와 공동으로 외레순 클러스터를 활용해 R&D 중심으로 기업과 연구소의 협력 네트워크를 구축하고 있으며, 해당 네트워크를 통해 기업의 필요에 맞는 상품 개발과 상용화에 힘쓰고 있다. 전체적으로 R&D를 기반으로 한 기업 육성에 초점을 맞추고 있는 것이다.

스웨덴의 빅 웨이브 특성을 보다 상세히 살펴보면 다음과 같다.

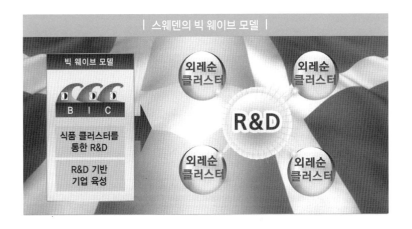

소극적 클러스터의 활용

덴마크와 비교해보면 스웨덴은 아쉽게도 클러스터 활용에서 덴마크에 비해 다소 열세인 것으로 나타났다. 이는 스웨덴이 내수 중심의 발전 전략을 지향하기 때문으로 보인다. 수출 중심의 식품발전 전략을 지향하는 덴마크와 달리 시장 개방에 따라 들어오는 외산제품에 대응해 국산 제품을 보호하는데 목적을 두고 있다. 또 상대적으로 열악한 지리적, 기후적인 조건 탓에 덴마크보다 열세인 일차산업을 기반으로 이루어졌기 때문이기도 하다.

스웨덴의 식품가공업은 중소기업 위주로 발달해 있는데 이들은 '스웨덴 농민연합회(LRF)'과 '소비자 조합(KF)' 등과 같은 생산

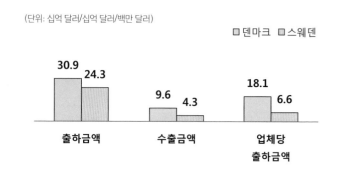

(단위: 십억 달러/십억 달러/백만 달러)

□ 덴마크 ■ 스웨덴

30.9
24.3
9.6
4.3
18.1
6.6

출하금액   수출금액   업체당
출하금액

출처: EURO STAT, 각 국 통계청, UN

자 조합들도 포함하고 있다. 식품 분야는 수입이 아직은 수출을 크게 초과하고 있으며, 국내 식품 가공 산업에 종사 중인 인력은 8만 5,000여 명 내외에서 큰 변동이 없는 상황이다.

또한, 스웨덴은 기반 산업이 열악하고 기업이 큰 시너지를 내지 못해 R&D 연구 결과를 상용화 효과로 연결시키는데 어려움을 겪고 있다. 위의 그림에서 보듯 덴마크와 비교한 스웨덴의 가공식품 경쟁력은 크게는 두 배 이상 열세를 보이고 있다.

PART 04

가공식품 강국이 되기 위한 6가지 비결

6대 가공식품 강국의
공통요인을 잡아라

선진 식품강국의 빅 웨이브

6대 가공식품 강국의 특징과 성공요인을 분석해본 결과 이들 국가는 공통으로 기업 육성 기반을 체계적으로 세우고 정부 주도의 브랜드와 혁신 역량 강화를 통해 식품산업을 발전시켜왔음을 확인할 수 있었다. 유럽 대다수 국가의 강점인 낙농업을 중심으로 중소 업체 간 네트워크를 형성하고 지역별 식품 특화를 통해 중소 업체 성장 기반을 마련했다. 특히 프랑스는 지역 특화 브랜드로 영세 업체의 상품 부가가치를 향상시켰다.

또한, 스위스와 캐나다를 제외한 덴마크, 스웨덴, 프랑스, 네덜란드에서는 R&D 클러스터를 구축해 정부, 연구기관, 기업 간 협력 네트워크를 형성하고 이를 축으로 식품산업을 발전시켜갔다. R&D 기술력의 고도화로 브랜드와 기업의 역량을 강화시켰으며 국가 지원을 통한 브랜드 육성으로 경쟁력을 높였다.

대한민국 식품산업의 빅 웨이브 강화

이와 같은 분석을 통해 우리는 대한민국 식품산업의 경쟁력을 높이고 식품 강국으로 도달하기 위해서 브랜드(Brand), 혁신(Innovation), 기업(Company) 부문의 역량을 키우는 '빅 웨이브(BIC Wave) 강화' 방안이 절실함을 알 수 있다.

먼저 브랜드 역량 강화를 위해서는 지역 브랜드 육성 전략이 선행되어야 한다. 이를 위해 지자체와 중소기업 주도의 지역별 특화 식품 클러스터를 구축하고 상용 기술 중심의 연구와 제품 사업화를 추진해야 한다.

다음으로 혁신역량 강화를 위해서는 국가식품 R&D 연구소의 역할이 필요하다. 정부와 대기업을 연계한 국가 식품 R&D 클러스터를 구축하고 국가 식품산업 성장을 위한 기술 개발과 확산을 추진해야 한다.

| 식품강국 '브랜드·혁신·기업' 경쟁력에 있다 |

Brand Innovation Company

BIC WAVE MODEL

기업역량의 강화를 위해서는 식품산업의 진입과 성장의 발목을 잡는 규제를 완화하는데 방점을 찍어야 하겠다. 이를 위해 식품산업의 진입을 막고 기업 성장을 저해하는 규제 기준을 재정립하고 식품산업 규제관리 주체를 일원화하는 혁신이 필요하다. 이와 관련한 구체적인 전략은 다음 장에서 자세히 살펴보도록 하자.

FOOD
INDUSTRY

첫째,
내셔널 푸드 클러스터를 확대하라

원천기술의 확보

내셔널 푸드 클러스터의 역할과 필요성은 앞서 살펴본 덴마크나 네덜란드, 스웨덴을 통해 충분히 공감할 수 있다. 우리도 이들 국가처럼 정부와 연구기관 대기업이 연합해 기초·원천 기술을 개발하는데 장기적으로 투자 개발해야 한다.

정부는 참여 기관과 기업 간의 마찰이 없도록 상호 간의 이해관계를 적절히 조율하고 지자체와 협력을 통해 지역 클러스터의 원활한 운영을 지원하는 역할을 담당한다.

또한 연구기관은 연구와 개발을 위한 인력의 제공과 해당 연구

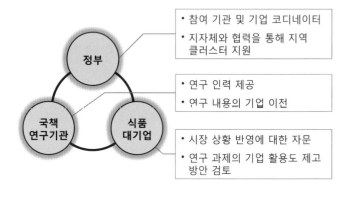

출처: Expert Interview, Nemo Analysis

내용이 기업으로 이전되어 상품화될 수 있도록 한다.

마지막으로 기업은 시장 상황 반영에 대한 자문역할을 하며 연구 과제를 통해 도출된 방안의 활용도를 높여 상품화하는 방안을 검토하도록 한다. 이처럼 정부, 국책 연구기관, 식품 대기업 세 곳이 각각의 역할을 분배해 책임짐으로써 공동 연구의 시너지 극대화를 통한 혁신 역량을 높일 수 있게 한다. 이렇게 완성된 연구 결과는 식품뿐만 아니라 바이오, 제약, IT 등 타 산업 융합 연구로 확대 가능할 것이다. 또한, 지역 클러스터를 대상으로 기술 전파 역할도 수행할 수 있다.

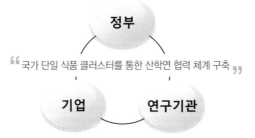

출처: Expert Interview, Media Research

협력을 통한 전략적 발전

내셔널 푸드 클러스터를 통해 구축된 산학연 협력체계는 국가 식품산업의 R&D 발전을 이끌며 다음과 같은 세 가지 전략적 효과를 방점으로 추진해야 한다.

첫째, 지역적 밀집보다는 전 방위적 네트워크 중심으로 운영되어야 한다. 유럽의 사례를 참고하더라도 유럽의 식품 클러스터 역시 지역적인 집중의 의미는 점차 퇴색되고 있지만, 지역과 지역을 잇거나 클러스터와 클러스터를 잇는 네트워크 형태의 클러스터 운영이 증가하는 추세다.

둘째, 내셔널 푸드 클러스터는 이종산업의 연계를 유도하는 역할을 해야 한다. 예컨대 식품산업 인접 영역인 바이오, 제약 등의 분야와 공동 R&D로 시너지를 창출해내거나 IT 산업과 연계를 통한 생산성 증대로 '스마트 농장(Smart Farm)'과 같은 혁신을 만들어내야 한다.

셋째, 대기업과 중소기업에 저합한 R&D를 분리 추진해 효율성을 높이도록 해야 한다. 이는 대기업보다도 중소기업 육성에 더욱 큰 효과가 있을 것이다.

익산 푸드폴리스의 활용

이러한 내셔널 푸드 클러스터를 위한 기반 조성은 이미 시작되었다. 우리에게는 전북 익산에 조성 중인 익산 푸드폴리스가 있다.

당초 익산 푸드폴리스는 농림수산식품부의 지역 농업 발전을 위한 제도로 모색되었다. 4년여의 준비 끝에 2009년 국가 정책으로 공식 출범할 당시, 내세운 목표와 전략은 다음의 4가지였다. 식품산업의 지식기반 강화, 기업핵심 역량강화, 네트워크 효과의 극대화, 수출지향의 국제화 추구다.

그런데 국가 식품 클러스터 추진은 아직 그리 순조롭지 않은 것

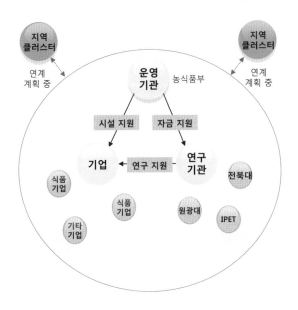

출처: FSB연구소, Food Polis 웹사이트, Press Research

이 현실이다. 몇 가지 문제점이 나타나기 시작했는데, 그 내용은 다음과 같다.

정책결정과정이 정부 주도하에 이루어지고 있는 가운데 산업계, 연구기관, 농업인 대표 등 이해관계자의 참여가 부족하다. 지역농업 클러스터 수준의 정책이 식품산업에 대한 관심 증가 등 정책 분위기에 맞물리면서 1조 원에 달하는 재정이 투입되는 국가 규모의 식품산업 클러스터 정책으로 전환되는 과정에 나타난 부작용이었다. 이에 따라 앞으로 식품산업 전문단지의 성격, 클러스터의 핵심적 주체, 재정투입의 규모와 분담 등에 대하여는 향후 정책을 추진하는 과정에서 충분히 논의되어야 한다.

또한, 기존의 국가식품클러스터의 비전과 목표가 너무 이상적이라는 지적이다. 최소한 10년 이상 소요되는 클러스터 정책의 특성을 고려할 때 무리한 목표 설정이다. 실현 가능성이 낮다는 의미다. 실현 가능성이 낮은 과도한 정책의지는 정치적인 성격을 띤 사업으로 왜곡될 수 있다. 따라서 앞으로는 산·학·연·관이 처음부터 정치적, 기술적, 경제적 실현 가능성을 함께 검토해 정책의 실현 가능성을 담보하여야 한다.

여기에 국가식품클러스터 정책의 주체와 역할분담이 모호했던 것도 혼란을 부추겼다. 국가 식품 클러스터는 국가 차원의 정책이면서 지리적인 입지가 전북 익산지역에 있다는 이유로 농림수산식품부가 아닌 전라북도가 기본계획에 대한 연구를 수행했다. 정부는 이를 바탕으로 기본적인 정책구상을 수립하고 2008년과 2009년의 클러스터 사업비도 전북에 대한 지방보조금으로 편성했다. 이는 식품클러스터를 정부의 식품산업 정책의 중요한 정책으로 삼고 있는 상위의 식품산업 종합대책과도 배치되는 일이다. 따라서 국가식품클러스터의 핵심주체는 중앙정부부처가 되어야 합리적이다.

마지막으로 우리나라 식품산업의 특수한 현실이나 정책여건에 대한 고려가 부족했던 점도 아쉽다. 세계 식품시장에서 식품강국으로 도약하겠다는 비전을 달성하기 위해서는 우리나라 정책여건에 맞는 정책이 수립되고 집행되어야 한다. 이미 세계 식품시장은 자본과 기술력을 앞세운 다국적 기업들이 우세를 점하고 있다. 상대적으로 우리 농업은 정부 정책에 대한 의존도가 높고 식품산업은 영세하고 기술 수준이 낮다. 이러한 상황을 총체적으로 끌어올리는 방향에서 정책이 설정되어야 한다.

또한, 클러스터 정책에 따르는 하위정책 사업이 미흡했던 점도 보완해야 한다. 국가식품클러스터는 식품산업의 집적을 위한 기본적인 산업단지의 형상조차 갖추지 못한 상태에서 정부가 인위적으로 조성하고 이를 바탕으로 산·학·연·관의 네트워킹을 동시에 추진해야하는 상황이다. 따라서 우리나라 식품산업의 집적을 위한 현실적인 정책수단들의 검토와 구체화가 시급하다. 클러스터 형성과 발전을 위한 정책수단들도 식품산업의 생산조건, 수요조건, 연관산업의 형성 및 수준, 식품산업 구조 등을 종합적으로 고려하면서 설계되어야 한다. 특히, 동북아 유망 시장의 식품수요 동향을 분석하고 우리 농업의 조건과 발전방향을 연계하는 것이 중요하다.

따라서 R&D, 네트워크, 수출 중심 한국형 식품 클러스터를 지향하는 푸드 폴리스는 앞으로 다음과 같은 방향을 설정하고 국가 식품산업의 성장을 이끌어가야 한다.

첫째, 연구소와 기업 간의 상시 네트워크를 구축하고 운영해야 한다. 이를 통해 장기간에 걸친 기초 기술 연구가 가능하도록 해야 한다. 대기업은 익산 푸드폴리스를 통한 연구가 시장 지향적인 방향으로 추진될 수 있도록 활발한 교류를 통해 지속적인 자문 역할을 해야 한다.

둘째, 클러스터 입주 업체 간의 교류를 증대하도록 해야 한다. 클러스터를 둘러싼 네트워크의 중요성은 나날이 커지고 있다. 익산 푸드폴리스는 내부에 입주해 있는 기업 간의 연구 성과와 기본 정보 교류를 통해 중복 투자를 막고 이를 통해 최대의 시너지를 창출해내는 것을 목표로 해야 한다. 따라서 현재는 기업과 운영·연구기관만이 직접 연결되어 있는 네트워크를 앞으로 효율적인 운영과 연구를 위해서 협력 범위를 더욱 확대할 필요가 있다.

셋째, 식품산업뿐만 아니라 타 산업과의 연계 강화를 지속해서 추진해야 한다. 앞으로 IT, 바이오산업, 의료산업 등과 연계해 미래 유망 식품 분야에 관한 협력 연구 등을 진행하고, 이를 통해 해당 분야 성장에 대한 빠르고 효율적인 대응책을 마련해야 한다. 더불어 첨단 유전공학, 포장산업, 나노기술 등을 도입해 기존 식품산업의 고도화를 이끌어내는 전략도 세워가야 한다.

둘째,
지역 클러스터를 확대하라

지역 식품 브랜드의 활성화

　지역 클러스터를 확대하기 위한 첫 번째 전략은 지역 특산물을 활용해 지역의 특색을 살린 지역 고유 브랜드를 개발하는 것이다. 이를 위해서는 지역의 농업 클러스터를 가공식품 중심으로 고도화하는 전략이 필요하다. 지역 농업 클러스터는 정부, 대기업, 연구기관이 협력해 고부가가치의 원천 기술과 농업기초연구 인프라를 갖춤으로써 만들어질 수 있다. 이와 같은 가공식품 중심의 클러스터 운영이 정립되면 해당 클러스터에서 생산되는 고부가가치 제품을 통한 농가 소득 증대 또한 기대할 수 있을 것이다.

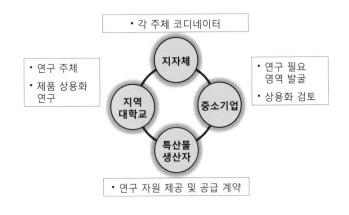

• 각 주체 코디네이터

• 연구 주체
• 제품 상용화 연구

지자체

연구 필요 영역 발굴
• 상용화 검토

지역 대학교

중소기업

특산물 생산자

• 연구 자원 제공 및 공급 계약

출처: Expert Interview, Nemo Analysis

지역 농업 클러스터에서는 지역 특산물을 활용한 가공식품 상품화, 지역 연구기관을 연계한 기술 개발과 제품 상용화, 지자체와 지역 공동 브랜드를 알리는 홍보 창구로서의 역할을 해야 한다. 이를 위해 기존 42개 지역 농업 클러스터를 고도화하는 작업을 선행해야 한다. 지난 2005년, 2008년 선정된 지역 농업 클러스터를 인근 지자체의 적극적인 주도를 통해 다시 선정하고 해당 클러스터를 새롭게 재편성할 필요가 있다.

20개 시범 지역 농업 클러스터 사업단 및 유형(2005년)			
혁신주제	개소	선정 사업단	특성화 유형
대학 및 연구기관 주도 식품산업 (제조업 대비)	4	영동 '포도'	가공
		영주 '인삼'	생산·유통
		고성, 김해, 산청, 양산, 창원, 함안, 함양, 합천 '양돈'	생산·유통
		경북 '한우'	생산·유통
생산자 단체 주도	5	안성 '안성맞춤'	생산·유통
		춘천, 철원, 화천, 양구, 인제 '한우'	생산·유통
		태백, 영월, 평창, 정선 '백두대간 농업포럼'	생산·유통
		순천, 고흥, 보성, 강진, 해남 '친환경쌀'	생산·유통
		김해, 창녕, 남해, 하동, 산청, 거창 '친환경쌀'	생산·유통
지자체 주도	10	괴산 '친환경 청정고추'	생산·유통
		아산 '자원순환형 친환경농업'	테마
		서천 '현산모시'	가공
		장수 'Mt Apple Power'	생산·유통
		임실 '치즈'	생산·유통
		보성 '녹차'	생산·유통
		함평 '과학농업'	가공
		하동 '녹차'	가공
		제주 '감귤'	생산·유통
		정읍 '순환농업'	테마
기업주도	1	포천 '한과'	가공

혁신주제	개소	선정 사업단	특성화 유형
대학 및 연구기관 주도	1	제주 '마'	가공
생산자 단체 주도	5	화성 '웰빙떡'	가공·수출
		강릉, 동해, 태백, 속초, 삼척, 고성, 양양 '한우령'	생산·유통
		무주 '반딧불 산머루'	가공
		신안 '시금치'	생산·유통
		무안 '황토 고구마'	생산·유통
지자체 주도	16	홍천 '늘푸름 한우'	가공·유통
		충북(도청) '충북 친환경 축산'	생산·유통
		서산 '생강'	가공·유통
		논산 '예스민 딸기'	가공·테마
		홍성 '백년대계 한우'	생산·유통
		진안 '친환경 한방'	테마
		남원 '친환경 흑돈'	생산·유통
		완주 '완주 감'	테마
		영암 '무화과'	생산·유통
		곡성 '멜론'	생산·가공
		구례 '산수유'	가공·유통
		경산 '종묘'	생산·유통
		상주 '고랭지 포도'	생산·유통
		영천 '와인'	테마
		남해 '보물섬 시금치'	생산·유통
		거창, 산정, 함양 '경남 서북부 한우'	생산·유통

출처: KIET 산업연구원

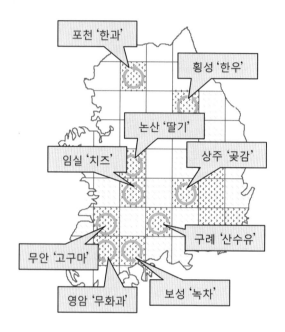

출처: Expert Interview, Nemo Analysis

프랑스의 지역 클러스터

지역 브랜드 구축의 실효성을 보여주는 대표적인 사례는 단연 프랑스의 와인을 들 수 있겠다. 프랑스는 와인산업의 지역 브랜드

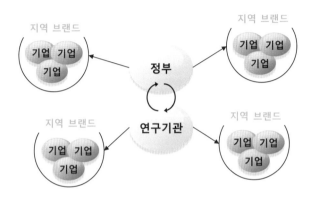

66 정부 차원의 지역 브랜드 보호 및 육성 99

66 상품 고도화 R&D를 통한 기술 전파로 지역 기업 활성화 99

출처: Expert Interview, Media Research

로서 세계 1위의 와인 생산 및 수출국으로 자리 잡았으며 이는 우리에게 큰 시사점을 준다.

프랑스는 지역 브랜드 육성을 위해 지역상품의 재산권을 보호하는 정책을 펼쳤는데 대표적인 것이 바로 '지리적 표시제'였다. 이는 지역의 재배, 가공방법을 지적재산권으로 보호하는 방법으로 이를 통해 지역의 고유의 브랜드가 훼손되거나 다른 곳에서 모방하지 않도록 보호하는 역할을 하도록 했다. 또한, 프랑스 국립 와인 연구소를 설립해 해당 연구소에서 기초 연구를 통해 도출한 와인품질 향상 기법을 지역기업에 전파함으로써 와인 산업 전체의 품질력과 기술력을 동시에 높이는 효과를 얻을 수 있었다. 특히 각 지역명을 상품 브랜드로 활용하는 아이디어를 통해 지자체 주도의 상표제를 구축하고 지역별 와인 축제를 산발적으로 개최해 지역별 브랜드 와인의 인지도를 높이기 위한 다양한 방법들을 시도했다.

지역 클러스터의 확대 연계

현재 지역 농업 클러스터는 사업단과 연구기관과의 교류가 활발하게 이루어지지 못하고 있다. 농가에서는 식품 기업과의 네트워크가 미미하여 고부가가치 창출이 가능한 가공식품 영역보다는 단순 재배를 통한 원재료 생산에 중점을 두고 있다.

따라서 앞으로는 농업 중심의 단순 클러스터는 가공식품 중심으로 확대하고 나아가서 익산의 국가 식품 클러스터와의 연계를 통해 가공식품의 연구 개발 능력을 고도화해야 한다.

이를 위해 정부와 연구기관, 농가를 잇는 사업단은 지금처럼 참

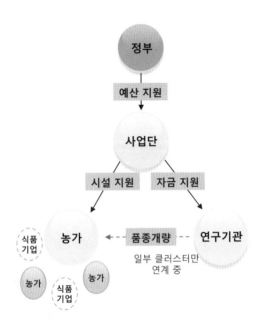

출처: 농림축산식품부, Press Research

여 농가에 대한 단순 설비 지원이나 단순 마케팅 지원에서 탈피해
식품 기업이 활발하게 참여할 수 있는 네트워크 구축에 집중해야
한다. 이를 활용해 지역 농업 클러스터는 국가 클러스터와 더욱 밀
접한 협력 체계를 구축할 수 있다. 더 나아가 지역 클러스터에 입주

해 있는 업체들을 위해 기술력과 판로 개척 등의 지원이 가능하고 국가 클러스터 내 기관을 통해 식품안전검사나 수출판로를 확보할 수도 있다. 또한, 국가 클러스터의 연구결과를 업체에서 직접 이전받아 이를 클러스터 내 기업에 전파하거나 응용 기술의 연구로 확대 재생산을 가능하게 할 수도 있다.

이러한 경쟁력은 결국 고부가가치 상품화로 자연스럽게 이어질 것이다. 즉, 특산물의 가공식품 상품화를 통한 클러스터 고도화, 식품기업과 확보된 기술력을 연계함으로써 지역 특산물 가공식품의 상품 개발과 해당 상품의 출시를 직접 지원할 수 있다.

유럽의 교훈

앞서 설명했듯 북유럽의 덴마크와 스웨덴 두 나라는 식품산업을 육성함으로써 90년대 초반 유럽연합 통합에 따른 후폭풍을 이겨내고 연간 국민소득 3만 달러(약 3,600만 원) 전후의 선진국으로 확고하게 자리를 잡을 수 있었다. 이들 국가에 식품산업은 단순히 먹을거리가 아닌 식품제조기술에 생명공학기술, 재료공학기술, 나노공학기술이 네트워킹 체계로서 합쳐진 최첨단 사업으로 거듭난 성공사례로 각광받는다. 이러한 외레순 클러스터의 발전은 각 요소

간 유기적인 협력과 이에 따른 혁신이 있었기에 가능했다. 초기 어려움을 극복하고 세계 식품산업의 중심이 된 외레순 클러스터의 예는 '협력이 곧 혁신'이라는 분명한 주장을 제시하고 있다. 그들의 성공은 요소 간 네트워킹의 강화와 연구개발 투자 등 각 구성요소 간의 긴밀한 협력체계에서 비롯되었다.

식품클러스터의 성공에는 판매단계 혁신인자 중의 하나인 세련된 인접시장이 크게 기여하고 있다. 예를 들어 스칸디나비아 반도는 교육수준이 매우 높으며, 높은 보건의식과 생활수준을 가진 시장이다. 약 10억 명의 소비자가 존재하고 있는 북유럽 시장과도 인접한 지역이며, 조직화된 도매와 소매시장, 국제표준에 적합한 저장시설 등 원료에서 제품까지의 자원관리에 대한 기업지원서비스가 잘 발달되어 있다. 특히 행정적 효율성과 정책적 지원이 뛰어난 것으로 평가된다. 또한, 뛰어난 각종 SOC(Social Overhead Capital, 사회간접자본) 인프라는 스칸디나비아와 유럽 시장에의 접근이 쉽다.

이처럼 유럽 국가들의 성공요인으로 지역 내 기업, 연구소 등의 혁신 주체 간에 협력과 더불어 적절한 경쟁관계를 꼽을 수 있다. 즉, 성공적인 식품 클러스터의 경우 지역 내부적으로 공정 투자나 신상품 개발에 대해 경쟁하는 구조를 유지하고 있는 것으로 보인다. 또한, 숙련된 노동력과 린 생산방식에 적합한 다양한 기업 구조도 필요한 것으로 분석된다. 또한, 식품산업과 연관 관계가 있는 전후방 산업과의 연계와 협력도 중요하다. 식품클러스터의 기업들은 IT인프라, 경영 능력, 유통 관리 등을 중요한 혁신인자로 평가하고 있으며 시장 다각화와 수출을 위한 전략적 투자 역시 클러스터의 성공에 중요한 요인으로 제시한다. 식품클러스터의 성격상 시기적절한 운송을 지원할 수 있는 SOC 인프라가 필수적이며, 소매·유통을 위한 도로 접근성과 관련 비용이 매우 중요한 혁신요소이다.

FOOD
INDUSTRY

셋째,
스타트업 기업을 육성하라

스타트업 기업 육성

세 번째 전략은 세계시장을 겨냥한 전략적인 스타트업 기업을 육성하는 것이다. 세계는 지금 케이푸드(K-Food)에 주목하고 있다. 치맥, 비빔밥 등의 한국 음식이 세계인의 입맛을 사로잡은 바로 지금의 기회를 발판 삼아 국내 식품산업의 해외 진출을 적극 도모해야 한다. 이를 위해서는 기존 기업들의 성장 또한 담보되어야 하겠지만, 무엇보다도 신규 기업 육성에 중점을 두어 국내 식품산업의 기반을 다지는 일이 우선되어야 한다.

국내에서는 식품 기업 신설에 대한 엄격한 규제가 존재해 식품

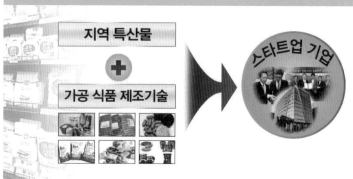

기업 신설에 어려움을 겪는 경우가 많다. 그러나 한국 식품의 세계화를 위해서는 지역의 특산 농산물과 가공식품 기술을 연계한 식품 기업의 창업이 지금보다 수월해지도록 해야 한다.

일례로 최근 함양군에서는 '식품제조·가공업의 시설기준 특례규칙'제정을 통해 소규모 농가 및 지역 식품 제조 기업의 활성화를 꾀하고 있다. 제조 가공 공간을 농산물 등 식품 보관 용도로 활용하게 하고, 작업장 내 모든 구조물의 내수성 재질 사용에 대한 예외를 인정하도록 했다. 수돗물이나 지하수 공급 시설 갖춰야 하는 기준 완화, 식품위생검사 기관에 검사 위탁 가능 등의 총 8개 조항을 완화했다. 이로써 엄격한 시설 기준에 묶여 농산물을 제조, 가공, 판매할 수 없었던 불합리한 규제를 풀어 소비자에게 더욱 쉽게 다가

갈 길을 만들었다.

스타트업 확대의 효과

지역 특산물을 활용한 스타트업 기업의 확대는 고용창출과 지역 경제의 활성화 효과로 이어질 것이다. 또한, 중앙 정부와 지역 자치 단체, 대학교 및 연구소, 식품 기업 간의 에코 시스템 구축을 통해 지역 브랜드 육성, 국가 식품 R&D 연구, 진입·성장 규제 완화 등의 긍정적인 효과를 얻을 수 있다. 이는 결국 한국 식품산업의 큰 발전 을 가져올 수 있을 것이다. 더 나아가 고부가가치 산업인 식품산업의 적극적인 육성을 통해 직접 고용창출, 수출 확대가 가능하며 지역 경제 발전, 친환경 성장의 파급 효과를 기대할 수 있다.

넷째,
대한민국 식품 브랜드를 키워라

대한민국 브랜드

　대한민국의 식품 브랜드를 키워야 한다. 지역과 국내에 국한된 식품 브랜드를 국가 브랜드로 양성하고, 한류로 구축한 긍정적인 이미지를 활용해 우리 식품산업의 브랜드로 확대 재생산해야 한다.

　이른바 케이 푸드(K-Food)라 불리는 우리나라 음식은 세계적으로 건강식품으로 알려져 왔다. 김치, 된장 등의 발효식품은 항암치료에 탁월한 효과를 보여 세계인의 관심을 받은 지 오래다. 또한 최근 한류 문화를 통해 전파된 치맥 등의 새로운 먹거리는 세계인에게 한국 음식의 다양성을 알릴 수 있는 좋은 기회로 작용하였다.

최근에는 김치, 된장 등의 전통적인 식품 외에도 홍삼, 마늘 등의 원재료를 가공해 만들어진 건강기능식품이 관광객 사이에서 큰 인기를 얻고 있다. 과거 대표효자 상품인 '가공김'이 한국을 방문하는 외국인 사이에서 독보적인 인기를 누렸다면, 이제는 건강식품과 과자 등 국내산 가공식품 등 중국인이 선호하는 국산 식품의 스펙트럼이 꾸준히 확장되는 추세다. 특히 건강을 챙기고자 하는 중국 관광객 증가로 국내 대표 건강보조식품인 '홍삼'은 기타 식품을 제치고 중국인에게 가장 인기 있는 식품에 등극했다. 실제 국내 한 대형백화점에서는 중국인 방문객이 가장 돈을 많이 쓰는 식품 브랜드로 '정관장'을 꼽기도 했다.

이 밖에도 국내에는 예부터 건강기능식품 등의 고부가가치 창출이 가능한 원재료인 다양한 지역 특산품들이 해당 지역의 전통 식품으로 자리매김하고 있다. 상주곶감, 보성녹차, 구례산수유차, 임실치즈, 포천한과 등이 대표적인 지역 특산품이다. 앞으로 이들 지역 특산품을 더 발굴해내고 지원한다면 충분히 세계 시장에서 경쟁력 있는 식품으로 경쟁력을 갖출 수 있을 것이다.

이제 국내 식품산업은 지역 특산품들을 발판삼아 세계에 진출할 과도기에 놓여있다. 이제 필요한 것은 정부 차원의 브랜드 보호와 육성 정책을 통해 민관이 합심해 지역 특산품의 세계화를 이루는 것이다. 마치 '와인'을 세계 최고의 브랜드로 만들어 낸 프랑스

처럼 국내 식품산업 역시 정부 주도로 연구기관, 기업, 농가가 모두 협심해 대한민국 식품산업을 '케이 푸드(K-Food)'라는 하나의 브랜드로 만들어야 한다. 이미 김치, 비빔밥, 불고기 등의 세계적인 성공으로 국내 식품산업의 잠재력은 널리 알려졌다. 또한, 수십 년간의 노하우가 결집한 지역 특산품들 역시도 세계인의 입맛을 사로잡을 준비가 되어있다. 드라마, 영화 등의 문화콘텐츠를 통해 구축한 한류에 국내 식품산업의 다양한 이점들을 잘 살려 육성한다면 우리나라 식품을 하나의 글로벌 식품 브랜드로 탄생시킬 수 있을 것이다.

예컨대 대표적인 한식인 김치는 과거부터 여러 가지 과학적 효능을 바탕으로 세계화를 시도해왔다. 김치에서 시작된 건강한 이미지는 한식의 경쟁력 중 하나가 됐다. 인삼, 비빔밥 등 대표적인 한식도 자연에 가까운 음식들이다. 이들 식품이 갖는 건강이라는 이미지를 더 확고히 하기 위해 관련된 체험관을 활성화할 필요도 있다. 이를 위해서는 각종 음식 축제 대회와 문화산업의 진출에 대한 적극적인 지원도 동반돼야 한다.

한식의 세계화 추진

한식의 세계화와 함께 한식콘텐츠 서비스 제공사업도 함께 추진해야 한다. 해당 판매 채널이 출판물이 될 수도 있고, 영상물이 될 수도 있다. 중요한 것은 한식콘텐츠를 제공하는 서비스 사업과 함께 가야 한류열풍을 바탕으로 한식이 지속해서 성장할 수 있다. 식품산업은 단순히 음식을 판매하는 것이 아니라 문화를 판매하는 산업이기 때문이다. 따라서 이를 통해 한식의 인지도를 높여가야 한다.

실제로 한 연구에 따르면 한식의 인지도가 한식의 구매여부와 직결되는 것으로 나타났다. 세명대학교 외식경영학과 이상미 교수의 〈한류문화가 중국인 관광객의 한식 인지도 및 구매의도에 미치는 영향〉보고서에 따르면 한류문화가 한식의 구매의도에 영향을 미친다고 분석했다. 내용을 보면 한국드라마에서 시작된 중국의 한류 열풍이 영화와 패션, 음식 등 다양한 관심으로 이어졌는데, 한국을 방문한 중국인 관광객을 모집단으로 설문의 결과를 분석한 결과, 한국음식점 이용의 식사목적은 33%가 한국문화에 관한 관심이라고 답했다.

더불어 한식 인지도를 높이기 위해서는 한식 산업을 포함한 관련 기업의 구성원 역량을 강화해야 한다. 특히 서비스업종에서 구성원은 매우 중요한 역할을 한다. 가공식품을 판매하는 채널은 사실 인적 비즈니스 산업이라 말할 수 있다. 따라서 조리사의 교육도 중요하다.

한편, 이러한 한식세계화의 시험 무대로는 다양한 인종이 사는 호주가 적합한 측면이 있다. 호주에 아시아 음식이 이미 정착되어 있다는 점도 장점이다. 한국 기업의 세계진출도 필요하지만, 인지도를 더 빠르게 높이기 위해서는 현지인들이 운영하는 한식음식점을 지원하는 것도 한 방법이다.

다섯째,
규제를 대폭 완화하라

규제 재정비

식품 수요와 공급을 예측하여 안정적인 먹거리를 제공하고, 식품 안전에 관한 관리를 강화한다는 측면에서 식품 정책은 중요하다. 하지만 지금까지의 우리나라 식품 정책은 육성보다는 규제 위주의 정책이었다고 할 수 있다. 1962년 최초 제정된 식품 위생법은 식품 제조업체에서 위법행위를 할 것이라는 전제하에 규제 행정 위주의 규정으로 구성되어 있다. 그런데 이런 정책으로 이해 당사자에 따라 견해를 달리할 수 있으며 제조업자의 혼란을 초래하고 있을 뿐 아니라 지도·단속에 따른 이해 당사자와의 충돌을 일으

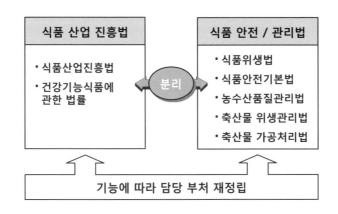

출처: 산업연구원, Expert Interview, Press Research

키기도 했다. 학계에서도 외국에서 찾아보기 힘들 정도의 지나친 규제로 인식하여 다양한 식품 생산을 제한하는 요소로 지적하고 있다.

따라서 식품 기업의 진입 장벽을 낮추고 성장을 어렵게 하는 규제를 재정비해야 한다. 현재는 식품 규제 간 혼선으로 업체들의 혼란이 가중되고 있다. 따라서 규제 재정립을 위해 일반 제조업과 식품 제조업에 대한 규제를 분리하고 식품 제조업에 맞는 합리적인 설립 규제가 만들어져야 한다.

건강기능식품의 규제 완화

특히 고부가가치 산업군인 건강기능식품업체의 설립 규제는 과도하다는 지적을 받고 있다. 신규업자 진입에 제약이 있고 원료 인증 절차 또한 매우 복잡하다. 판매 채널 확보에도 제약이 많다. 최근에서야 인터넷을 통한 가공식품 판매가 허용되었으며 건강기능식품 판매는 제한적으로 이뤄지고 있다. 이 밖에도 별도 허가 방식을 통한 제약이 남아있다. 과도한 건강기능식품 관련 처벌 규정도 바로잡아야 한다. 현재 처벌 규정이 식품안전 중심으로 이뤄져 있는 탓에 식품위생법 대비 건강기능식품법은 엄격하다는 지적을 받

" 식품 제조업에 대한 설립 규제 기준 재정립 ”

- 일반 제조업과 차별적 설립 기준으로 설립 규제 완화
- 시설물 / 설비에 대한 요건 적절 수준으로 완화

" 의약품과 일반 식품 중간 수준으로 별도 규제 기준 정립 ”

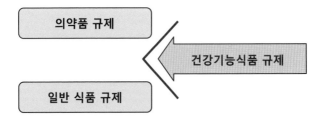

출처: 산업연구원, 한국보건산업 진흥원, Expert Interview, Press Research

고 있다. 따라서 식품 제조업에 대한 설립 규제 기준을 재정립할 필요가 있다. 일반 제조업과 차별된 설립 기준으로 규제를 완화해야 하며 시설물, 설비에 대한 요건을 적절 수준으로 완화해야 한다. 현

재 법령 정비를 통해 일부 규제를 완화하고 있지만, 너무 빈번한 법령 정비는 오히려 혼란을 가중시킬 수도 있기 때문이다.

FOOD
INDUSTRY

여섯째,
컨트롤 타워를 만들어라

컨트롤 타워의 필요성

앞서 살펴본 다섯가지 전략인 내셔널 푸드 클러스터 확대, 지역 클러스터 확대, 스타트업 기업 육성, 대한민국 식품 브랜드 키우기, 규제 대폭 완화의 전략을 합리적으로 이끌어갈 컨트롤 타워가 필요하겠다.

현재 식품관리산업 규제와 관련 법안들은 부처별로 혼재되어 있어 식품 업체들의 혼선을 가져오고 있다. 식품산업진흥에 대한 법적 기반은 식품산업진흥법에 있으나 구체적 진흥수단은 식품위생법에 명기되어 있어 통합적인 식품산업 진흥 정책이 이루어지지

못하고 있다.

또한, 현재 식품의 생산, 유통, 가공 단계의 관리를 부처별로 독립적으로 추진하고, 동일한 품목이라도 유통 과정에 따라 담당 부처마다 다르게 관리되고 있다. 식품 관련 정책이 분산되어 추진되다 보니 업무를 통괄하는 기능이 없어 비효율적인 면이 발생하게 된다. 즉 식품산업 육성에 관한 기본 계획을 수립하고, 소비자 보호 등을 총괄하여 체계적으로 추진할 기관이 없어서 국가적인 중장기 발전 전략이 부족한 상황이다. 이 때문에 위생과 안전성 관련 현안에 대해 신속하고 적극적인 대처가 어렵고, 유사 기능을 수행하는 기관이 많아 예산과 조직 운영 등에 있어 효율성이 낮아지는 결과를 초래하고 있다.

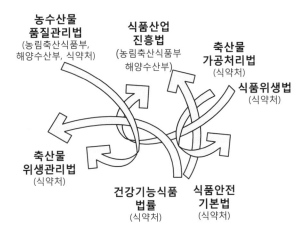

**농수산물
품질관리법**
(농림축산식품부,
해양수산부, 식약처)

**식품산업
진흥법**
(농림축산식품부
해양수산부)

**축산물
가공처리법**
(식약처)

식품위생법
(식약처)

**축산물
위생관리법**
(식약처)

**건강기능식품
법률**
(식약처)

**식품안전
기본법**
(식약처)

출처: 산업연구원, Expert Interview, Press Research

　따라서 앞으로는 컨트롤 타워를 통해 복잡하게 분산된 식품산업 규제관리 주체를 일원화하며 식품의 생산, 가공, 유통단계마다 제각각인 관리부처를 기능에 따라 재정리하는 작업이 필요하다. 이를 위해 식품위생법상 식품진흥 부분을 정리해 식품산업진흥법으로 일원화하며, 현행 농림축산식품부, 보건복지부 등으로 나뉜 9개의 식품안전 법안에 관한 관리 및 시행의 통합 담당 조직을 통해 일관된 평가와 행정, 규제 관리가 이루어져야 한다.

대한민국 식품산업의 미래

위의 여섯 가지 제언이 실현된다면 대한민국 역시 식품 강국이 될 수 있다. 앞으로 중앙 정부와 지역 자치 단체, 대학교, 연구소, 식품 기업 간의 유기적인 연계가 가능하도록 에코 시스템을 구축한다면 한국 식품산업의 브랜드, 혁신, 기업 역량의 강화와 식품산업 전체의 발전도 기대할 수 있을 것이다.

또한, 식품산업의 육성은 원재료 대비 100배 이상의 가치 창출을 가능하게 해 식품산업의 고부가가치화를 가져올 수 있을 것이다. 반도체, 자동차 등 타 제조업 대비 2배에 달하는 고용 창출 효과를 낼 뿐만 아니라 중국, 러시아 등 동북아의 대형 식품 수요처를 대상으로 수출을 활성화 시킬 수 있을 것이다.

더 나아가서는 농업 특산물을 기반으로 한 식품을 가공함으로써 농촌 경제 활성화에도 기여해 결국에는 지역 경제 발전을 가져올 수 있을 것이다. 특히 다른 산업 대비 폐기물과 오염물질 배출이 미미한 식품산업의 특성상 친환경 성장의 파급 효과를 기대할 수 있다. 고부가가치, 고용 창출, 수출 확대를 바탕으로 지역 경제 발전과 친환경 성장을 이룰 수 있는 기반이 바로 식품산업이다. 식품산업은 한국의 미래 100년을 준비하는 신성장동력이 될 것이다.

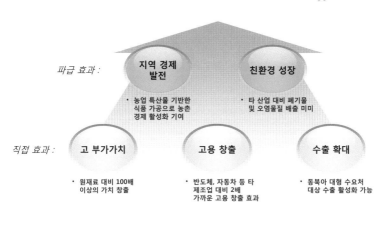

" 식품산업은 한국의 미래 100년을 준비하는 경제적 신성장동력 "

파급 효과 :

지역 경제 발전
· 농업 특산물 기반한 식품 가공으로 농촌 경제 활성화 기여

친환경 성장
· 타 산업 대비 폐기물 및 오염물질 배출 미미

직접 효과 :

고 부가가치
· 원재료 대비 100배 이상의 가치 창출

고용 창출
· 반도체, 자동차 등 타 제조업 대비 2배 가까운 고용 창출 효과

수출 확대
· 동북아 대형 수요처 대상 수출 활성화 가능

출처: Nemo Analysis

Korea

INVASION

PART 05

코리아 인베이전, 기회를 잡아라

FOOD INDUSTRY

한국 식품산업,
열린 기회를 잡아라

앞서 설명한 여섯 가지 제언을 통해 우리나라 식품산업은 세계 시장을 강타할 경쟁력을 갖추어야 한다. 이는 우리에게 주어진 동북아시장이라는 엄청난 기회를 잡기 위한 필수적인 선택이다.

동북아시장은 경제발전과 인구 증가에 따라 가공식품 소비가 급증하고 있고 늘어나는 수요를 충족시키기 위해 국가 간의 식품 수입이 증가하는 변화에 놓여있다. 특히 중국과 러시아를 겨냥한 식품 수출국으로 우리나라는 최적의 상황에 놓여있다. 경쟁국인 일본은 원전 사태 이후 수출이 감소하고 있고 대만과 홍콩은 우리나

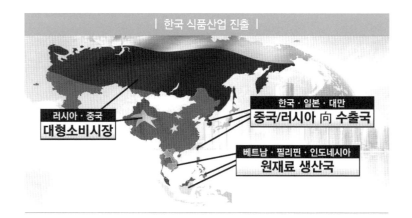

러시아 · 중국
대형소비시장

한국 · 일본 · 대만
중국/러시아 向 수출국

베트남 · 필리핀 · 인도네시아
원재료 생산국

라보다 식품산업이 열세에 놓였다. 또 주변국인 베트남, 필리핀, 인도네시아 등은 원재료 생산국에 국한돼 있어 가공식품 경쟁에서 비교적 자유롭다.

바로 이러한 기회를 전략적으로 활용해 앞으로 더욱 거대시장으로 발전할 동북아시아의 대형 식품시장을 우리 것으로 만들어야한다. 동북아시아 식품 시장의 기회를 잡기 위해선 가공식품의 생산과 수출 활성화가 필요하다. 특히 한국의 가공식품이 빠르게 발전하고 세계적인 기업들과 어깨를 나란히 하기 위해선 아시아의 빅 마켓을 공략해야 한다. 이와 관련된 전략은 다음에서 자세히 살펴보자.

국가별 한식(당) 선호도, 연상이미지 조사					
구분		미국	중국	일본	베트남
한식	1	이탈리아	한국	이탈리아	중국
	2	멕시코	일본	중국	한국
	3	일본	이탈리아	한국	태국
	4	중국	태국	프랑스	일본
	5	태국	프랑스	태국	이탈리아
	8	한국	-	-	-
연상이미지		전통, 독특, 저렴, 다양, 건강, 가족 중심	깔끔, 건강, 전통, 저렴	강한, 건강, 전통, 저렴	매운, 맛, 건강, 다양
한식당	방문	기념일 등 특별한 날	친구, 가족 모임 등	고르게 편중	-
	긍정	맛	맛, 식재료, 서비스	맛, 다양성	타 에스닉 푸드 음식점과 동등 또는 높음
	부정	접근성, 분위기, 서비스	다양성, 접근성	접근성, 분위기	

출처: 2010 엑센추어 보고서, 2011 WK마케팅 보고서

한식의 경쟁력

식품산업이 미래 산업의 동력이라는 데는 이미 많이 사람들이 동의하고 있다. 앞서 언급했듯 한식은 대한민국 식품산업의 중심을 차지하고 있다. 2010년 액센추어 보고서와 2011년도 WK마케

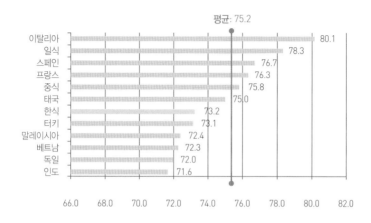

평균: 75.2

이탈리아	80.1
일식	78.3
스페인	76.7
프랑스	76.3
중식	75.8
태국	75.0
한식	73.2
터키	73.1
말레이시아	72.4
베트남	72.3
독일	72.0
인도	71.6

66.0 68.0 70.0 72.0 74.0 76.0 78.0 80.0 82.0

출처: 농림축산식품부 외식산업진흥과, 2012

팅 보고서를 보면, 미국인들의 한식 선호도는 8위 중국의 한식 선호도는 1위 일본은 3위 베트남은 한식이 2위를 차지했다. 다른 국가에서 한식에 대한 선호가 절대 낮지 않음을 의미한다. 이는 세계 식품 시장에서 한식이 갖는 경쟁력이 충분하다는 의미다.

한식에서 연상되는 이미지도 긍정적이다. 미국인을 대상으로 설문조사한 결과 한식에 대해 전통, 독특, 저렴, 다양, 건강, 가족 중심 등의 연상 이미지를 떠올렸다. 참고로 중국에 대해서는 깔끔, 건강, 전통, 저렴을, 일본에 대해서는 강한, 건강, 전통, 저렴을 떠올렸다. 이들의 공통적인 연상을 보면 건강이라는 공통점이 있다. 아시아권 식품에 대한 공통적인 이미지인 셈이다.

또한, 농림축산식품부 외식산업진흥과가 조사한 세계 12개 음식 경쟁력분석의 결과를 살펴보면 한식이 7위를 차지했다. 한식의 점수는 75.2점으로 평균에는 조금 못 미쳤지만, 세계적인 국가의 음식의 경쟁력에 크게 뒤지지 않는 점수를 얻었다.

식문화를 통한 경쟁력 고도화

한식의 경쟁력은 반드시 문화와 함께 고도화해야 한다. 식문화는 국가의 문화를 대표하는 상징성을 지니고 있다. 국가의 기후적인 요소라든지 정치·경제적인 요소들과도 무관하지 않다. 특히 글로벌화의 진행 속도가 빨라짐에 따라 식문화는 더욱 해당 국가의 상징적인 요소로 자리 잡고 있다. 역으로 말하면 문화의 전파를 통해서 식문화의 경쟁력이 더욱 강화될 수 있다는 의미다. 이렇듯 한식에 잠재된 경쟁력은 앞으로 세계시장에서 마음껏 역량을 발휘해 우리나라의 국가 경쟁력까지도 견인할 것으로 기대된다. 이미 우리는 오랜 한식의 역사에서 그 기회를 맞고 있다.

FOOD
INDUSTRY

중국,
거대 식품시장으로 떠오르다

중국의 식품시장

중국은 이미 식품소비량 증가가 식품생산량을 초월했다. 또한, 고속으로 질주하는 경제발전 속도에 따라 식품시장 역시 거대시장으로 떠오르고 있다. 동북아시아의 초대형 식품 수요 시장으로 발전한 것이다.

특히 한·중 수교 이후, 우리 농식품 수출이 증가하면서 중국은 최근 들어 미국을 제치고 우리나라의 제2의 농식품 수출시장으로 부상하고 있다. 대중국 농식품 수출액은 1992년~1994년 평균 810만 달러(약 97억 원)에서 2010년~2012년에는 평균 7억 달러(약

| 중국 경제 성장에 따른 식품 수입 증가 |

식품 수입량 (억 달러)
GDP (만 달러)

연평균성장률 20.5%

	2007년	2008년	2009년	2010년	2011년	2012년	2013년
GDP	349	452	499	593	732	823	924
식품 수입량	319	488	445	589	744	891	976

출처: World Bank, UN

8,300억 원)로 무려 86배나 증가했다.

특히 농·식품 수출에서 중국이 차지하는 비중이 지속해서 증가해 농산물의 경우 1992년 0.8%에서 2012년 13.7%로 증가해 일본에 이어 제2의 수출시장으로 성장했고, 축산가공품은 1992년 0.03%에서 2012년 33.0%로 대폭 증가하여 일본을 제치고 제1의 수출시장으로 자리매김하고 있다.

이처럼 대중국 농·식품 수출에서 가공 농산품류의 비중이 큰 주요 원인은 동식물 검역조치로 신선 과채류, 신선 과실류, 신선 육류의 교역이 실질적으로 금지되어 있고, 양국 간 신선농산물의 가격 경쟁력 격차도 매우 크기 때문이다. 품목별로 보면 교역 초기보다 우리 농업과 직접 연계된 다수 품목이 주요 수출품목으로 부상하고 있다.

수출액 상위 50개 품목(87.4%) 중 우리 농업과 관련된 품목으로는 홍삼(4위), 조제분유(6위), 유자(10위), 과즙음료(13위), 난초(15위), 찌거나 삶은 쌀(29위), 채소종자 기타(30위), 팽이버섯(31위), 고추장(37위), 분유 기타(41위), 냉동 쇠고기(42위), 조제저장 처리 과실견과 기타(43위) 등이며 비중으로는 16.6%를 차지하고 있다. 당류, 기타조제농산품, 과자류, 커피류, 면류, 과실류, 인삼류, 소스류, 낙농품, 식물성유지가 대 중국 주요 수출품목류이다. 한·중 교역 초기보다 기타조제농산품, 커피류, 인삼류, 낙농품에 대한 수출이 가파른 증가세를 보이고 있다.

건강기능식품 시장의 성장

특히 소득 수준 향상과 노령인구의 증가에 따라 건강기능식품

(단위: 억 달러)

연평균성장률 13.9%

430   451   514   586   725

2011년 2012년 2013년 2014년 2015년

출처: 대한무역투자진흥공사, Press Research

시장이 확대되는 추세다. 중국의 건강기능식품시장의 주요 소비자는 노인과 중년층으로 전체의 약 50%를 차지한다. 2011년 중국 국가발전개발위원회는 '식품공업 12·5발전규획(食品工業十二五發展規劃)'을 발표하고 영양과 보건식품 제조업을 국가의 중점 육성 산업으로 지정해 정부 차원의 건강기능식품 보조 정책을 마련하고 있다. 이에 따라 건강기능식품산업은 중국 식품 시장의 블루오션으로 부상 중이다.

또한, 외국 건강 기능 식품 수입도 늘고 있다. 주요 수입국은 독일, 이탈리아, 스웨덴 순으로 한국은 26위를 차지한다. 프랑스, 일본을 제외한 모든 국가에서 수입이 증가하는 추세이며 2013년

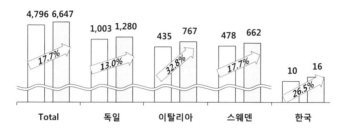

| 중국 건강기능식품 수입 현황 |

(단위: 백만 달러)

	Total	독일	이탈리아	스웨덴	한국
	4,796 6,647	1,003 1,280	435 767	478 662	10 16
증가율	17.7%	13.0%	32.8%	17.7%	26.5%

출처: 대한무역투자진흥공사, Press Research

한국산 건강보조식품 수입 총액은 1,600만 달러(약 190억 원)로 2011년 대비 26.5%가 증가했다.

자국 식품 불신 고조

중국인들의 자국 식품에 대한 불신은 갈수록 가중되고 있는 것도 중국 식품산업의 중요한 변화다. 이는 멜라닌 분유와 쥐로 만든 가짜 고기, 쓰레기 식용유, 중금속 오염 식품, 농약 식품 등의 문제가 연이어 터지면서 생겨난 문제일 것이다. 실제 중국 국가식품약

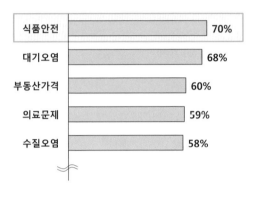

| 중국 내 가장 주목 받고 있는 사회 문제* |

식품안전 70%
대기오염 68%
부동산가격 60%
의료문제 59%
수질오염 58%

* 2013년 중국사회과학원 설문
출처: 중국사회과학원 중국민정조사연구실, 농림축산식품부, Press Research

품감독관리중국 통계를 보면 지난해 27만 건에 달하는 중국의 식약품 위법 신고 건수 중 70%가 식품 분야로 나타났다.

소비량 증대와 자급률 하락

마지막으로 식품 소비량 증대에 따른 식품 자급률 하락도 중국 식품산업의 중요한 변수다. 실제로 소비 증가율은 4.9%, 생산 증가율은 3.2%에 불과한 것으로 나타났다. 즉, 경제 발전에 따른 식품

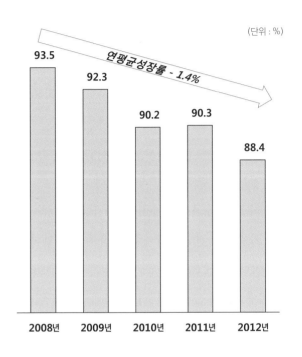

| 중국 식량 자급률* |

(단위 : %)

연평균성장률 - 1.4%

93.5
92.3
90.2
90.3
88.4

2008년 2009년 2010년 2011년 2012년

* 자급률 = 국내 생산량 / 국내 소비량 x 100
출처: 중국통계연감, 농림수산식품교육문화정보원, 농협경제연구소, Press Research

소비의 절대량이 늘고 있는 셈이다. 중국의 식량 생산은 10년 연속
증산 기록을 세웠음에도 자국의 소비량에 증가 속도가 이를 따르
지 못하고 있다. 여기에 달라진 식습관에 따라 육류 소비량도 급증
하며 사료용 곡물 수요도 가파르게 증가하고 있기도 하다.

무엇보다 중국은 고도성장의 결과 근로자의 임금이 상승하고 중산층이 급증함에 따라 '세계의 공장'에서 '세계의 시장'으로 변하는 중이다. 글로벌 컨설팅사 맥킨지의 분석을 보면 중국의 소비시장에서 핵심소비계층이라 할 수 있는 중산층 소비자는 2010년 전체인구의 6%에서 2020년에는 51% 수준인 약 3억 5,000만 명으로 급증할 것으로 예측하였고, 세계 소비에서 차지하는 비중도 22%에 도달할 것으로 전망하였다. 중국 식품산업에 엄청난 기회가 있음을 엿볼 수 있는 대목이다.

이미 한국 식품은 중국에서 수요가 증가하고 있다. 중국 내에서 한국산 농식품은 안전하고 우수한 제품이라는 인식이 널리 퍼져 있기 때문이다. HACCP(Hazard Analysis and Critical Control Point, 식품위해요소중점관리기준) 등 국내 식품안전관리체계가 잘 구축돼 있고 한국드라마를 통해 깨끗한 이미지도 널리 알려졌다. 중국 내에서의 한국 농식품은 유제품, 유자차, 조미김, 인삼제품, 커피조제품 등을 중심으로 큰 인기를 끌고 있으며, 13억 중국인구를 사로 잡을 기반은 이미 조성되고 있음을 알 수 있다.

또한, 2010년 조사한 〈중국외식(中國外資)〉에 따르면 중국 중산층 소비자는 외국제품, 기술, 개인주의, 소비지상주의 가치관과 라이프스타일 지향, 외국산 수입상품과 소비문화를 쉽게 수용하고 브랜드를 선호하는 특징이 있는 것으로 나타났다.

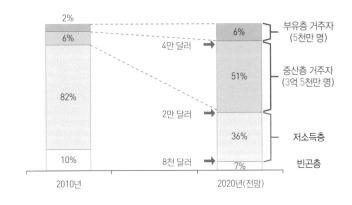

2%
6%
82%
10%
2010년

4만 달러 ➡
2만 달러 ➡
8천 달러 ➡

6%
51%
36%
7%
2020년(전망)

부유층 거주자
(5천만 명)

중산층 거주자
(3억 5천만 명)

저소득층

빈곤층

출처: Meciney&Company(2012), Annual Chinese Consumer Report 2012

중국 소비재 시장 중, 내수 식품시장은 경제성장과 소득증가에
따른 식품 소비지출액의 꾸준한 증가에 힘입어 빠른 속도로 성장
하고 있다. 중산층 증가에 따른 대도시 소비시장 확대와 더불어 도
농통합발전 정책을 통해 중소도시(小城镇)와 농촌지역도 새로운
소비시장으로 부상하고 있다. 주요 식품항목에 대한 소비량 변화
는 중국의 식품소비 경향이 구조적으로 변화하고 있으며, 일부 품
목은 소득수준에 따라 차이를 보이고 있는 것으로 나타났다.

도시지역의 소비량은 축산물과 유제품의 소비량이 많은 것으로

중국 도시지역 1인당 주요 식품 소비량			(단위: kg, %)
품목	2002년	2011년	증감률(2011년/2002년)
곡묵	78.5	80.7	2.8
돼지고기	20.3	20.6	1.6
쇠고기 및 양고기	3.0	4.0	33.3
가금류	9.2	10.6	14.7
계란	10.6	10.1	-4.4
우유	15.7	13.7	-12.8
채소	116.5	114.6	-1.6
과일	56.5	52.0	-8.0
식물성기름	9.0	9.3	3.3
주류	8.5	6.8	-20.2

자료: 중국국가통제국

나타났으며, 농식품의 소비 현황을 소득분위별로 살펴보면, 고소득층과 저소득층의 소비량 차이가 가장 큰 농식품은 채소와 과일이고 축산물은 돼지고기, 유제품은 우유인 것으로 집계되었다.

또, 구매력을 갖춘 고소득 소비자 계층의 삶의 질에 관한 관심이 증가하면서 식품소비에서도 고품질 안전식품(친환경농식품)에 대한 수요도 증가하고 있다. 이러한 중국 소비자의 소비성향 변화에 따라 친환경농식품 시장은 향후 중국 내수시장의 성장 유망분야로 부상하고 있다.

중국의 친환경농식품 시장의 현황을 살펴보면, 1996년 150만 ha였던 녹색식품 산지 인증면적(산지검사면적)은 2011년 1,597만 핵타르(약 4,800만 평)로 연평균 17.1% 증가하여 친환경농식품 시장 규모가 향후 성장잠재력도 크다는 것을 시사한다. 또한, 중국산 농식품의 안전사고 급증으로 중국 소비자들의 자국산 농식품에 대한 불신이 심화되면서 대도시 고소득계층을 중심으로 고품질 수입산 농식품에 대한 선호도가 증가하고 있다.

한편 2008년 멜라민 분유 파동 이후로 수입산 분유의 소비가 급증하였고, 특히 중국 소비자들은 수입식품의 경우 안전하고 원산지가 좋으면서 널리 인정받는 브랜드라는 인식이 있어 안전성과 품질에 대한 믿음이 형성되고 있다.

러시아,
아시아 시장에 관심을 가지다

러시아의 기회

러시아도 매력적인 식품시장으로 성장하고 있다. 식품 수입규모
가 큰 폭으로 증가하고 있으며 아시아 시장에 관한 관심도 높아지
고 있다.

특히 러시아는 일반 가공식품 시장이 빠르게 성장하고 있다. 소
득 수준 향상에 따른 가공식품의 수요 증가를 자국 생산량이 미처
따르지 못할 정도다. 그리고 러시아는 앞으로도 지속적인 경제 성
장이 전망됨에 따라 가공식품 시장의 성장이 지속할 것으로 예상
한다. 이는 우리에게 매우 매력적으로 다가오는 좋은 기회라 할 수

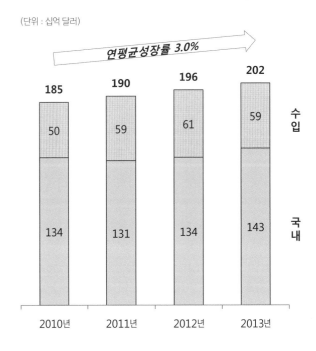

(단위 : 십억 달러)

연평균 성장률 3.0%

	2010년	2011년	2012년	2013년	
합계	185	190	196	202	
수입	50	59	61	59	수입
국내	134	131	134	143	국내

출처: 한국무역협회, Press Research

있겠다. 앞으로 러시아 식품 수입 시장이 더욱 성장하면서 국내에 도 긍정적인 변화를 가져다 줄 것으로 예상 된다.

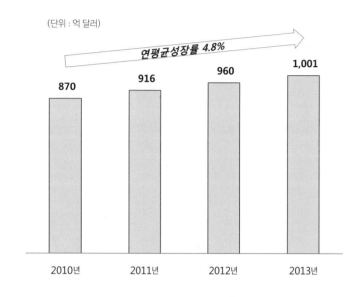

(단위 : 억 달러)

연평균성장률 4.8%

870　　916　　960　　1,001

2010년　　2011년　　2012년　　2013년

출처: UN, Datamonitor, Press Research

건강기능식품 시장의 성장

또한, 건강기능식품의 성장도 매력적이다. 러시아 소비자들은 균형 있는 영양섭취에 대해 높은 관심을 보인다. 이러한 변화는 식품소비의 주요 트렌드가 되어 대도시와 중소도시로 확대되고 있다. 대형 슈퍼마켓에서는 이미 러시아의 소비 트렌드가 이국적인

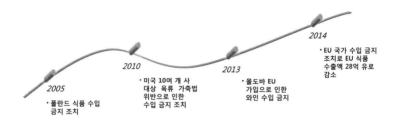

"러시아 정부의 정치적 Issue로 인한
유럽 및 북미 국가의 식품 수입 금지로 인해 주변국의 수혜가 예상 "

2014
• EU 국가 수입 금지
조치로 EU 식품
수출액 28억 유로
감소

2010
• 미국 10여 개 사
대상 육류 가축법
위반으로 인한
수입 금지 조치

2013
• 몰도바 EU
가입으로 인한
와인 수입 금지

2005
• 폴란드 식품 수입
금지 조치

출처: Press Research

외국 식품에서 자연 친화적인 유기농 건강식품으로 이동하고 있는
모습이다. 특히 지난 몇 년 동안 유기농 식품 시장이 굉장히 빠른
속도로 성장했고 지금도 꾸준히 성장하고 있다.

러시아 소비자들 사이에서 '유기농'에 대한 열광은 당분간 식품
시장의 핵심 트렌드로 자리 잡을 것으로 보인다. 이렇듯 러시아 시
장에서 웰빙 바람이 불면서 유기농 식품에 대한 수요 급증은 물론
건강 기능성 식품 시장도 빠르게 증가하고 있다. 지난 6년간 연평
균 14.8%의 성장률을 보이고 있으며 세계 20대 기업들이 이미 러
시아의 건강기능식품 시장을 절반 넘게 차지하고 있을 정도다.

러시아 건강기능식품 시장의 성장

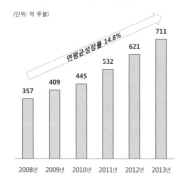

러시아 건강기능식품 시장 성장

소득 및 고령 인구 증가로 인한 건강 기능 식품 시장 성장

(단위: 억 루블)

연평균성장률 14.8%

357 409 445 532 621 711

2008년 2009년 2010년 2011년 2012년 2013년

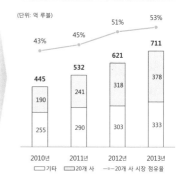

러시아 건강기능식품 생산 시장 점유율

상위 20개의 해외 기업의 러시아 건강 기능 식품 시장 50% 이상 점유

(단위: 억 루블)

43% 45% 51% 53%

445 532 621 711

190 241 318 378

255 290 303 333

2010년 2011년 2012년 2013년

□ 기타　□ 20개 사　—●— 20개 사 시장 점유율

출처: Euromonitor, 세계은행, UN, Press Research

러시아의 유럽 장벽

또한, 러시아는 유럽과 북미 국가 간의 정치적 대립으로 인해 이들 국가로부터의 수입을 금지하는 정책을 펼치고 있는데, 이 역시 우리에게는 반전의 기회로 작용하고 있다.

2005년 폴란드 식품 수입 금지 조치, 2010년 미국 대상 수입 금지조치, 2013년 몰도바 EU 가입에 따른 와인 수입 금지, 2014년 EU국가 수입 금지 조치 등의 규제가 있었으며 2015년 6월 미국 및

EU국가를 대상으로 한 농산물 및 식품 수입 금지 조치를 1년 연장하기로 했다. 이러한 규제 틈새로 우리 식품산업에 기회가 열리고 있다.

일본,
원전 위기로 식품산업이 후퇴하다

2011년 후쿠시마 원전사태

일본은 2011년 후쿠시마 원전 사고 이후 주변국의 일본산 식품 수입 제한으로 식품산업에 암운이 드리우고 있다. 실제로 원전사태 이후 세계 시장에서 일본산 식품 수입 제한이 벌어지며 수출이 대폭 감소한 상태다. 2011년 일본의 농수산식품 대외수출은 전년 대비 8.3% 감소하였고, 특히 낙농품, 수산물의 수출이 부진했다. 아래의 수출 품목 추이를 보면 분유, 과자류, 사과, 꽁치, 연어, 명태 등 낙농품과 수산물의 수출량 및 수출액이 현저하게 줄어들었음을 확인할 수 있다. 안전성에 민감할 수밖에 없는 식품산업의 특

구분	2010년		2011년		증감률	
	중량	금액	중량	금액	중량	금액
분유	9,438	14,163	3,380	4,726	△64.2	△66.6
과자류	27,737	25,872	24,061	23,070	△13.3	△10.8
간장	20,088	3,969	18,873	3,651	△6.1	△8.0
사과	21,075	6,409	18,205	6,500	△13.6	1.4
꽁치	60,382	5,132	13,292	1,407	△78.0	△72.6
멍게	7,277	1,453	990	216	△86.4	△85.2
연어	65,166	17,978	22,404	6,700	△65.6	△62.7
명태	63,478	7,733	40,082	4,156	△36.9	△46.3
패주	2,648	12,385	1,983	9,428	△25.1	△23.9

| 원전사고 영향으로 수출이 감소한 주요품목 | (단위:톤, 백만 엔)

성상 어쩔 수 없는 악재를 맞게 된 셈이다.

실제로 도쿄신문에 따르면 지난 2011년 발생한 후쿠시마 원전 사고의 영향으로 여전히 여러 국가가 일본 식품을 규제하고 있는 것으로 알려졌다. 해외 국가들은 후쿠시마를 비롯한 일부 현의 식품 수입을 금지하거나 안전 증명서 등을 요구하고 있다. 특히 거대 시장인 중국으로의 수출이 크게 줄고 있다.

| 일본 가공식품의 중국 수출 감소 |

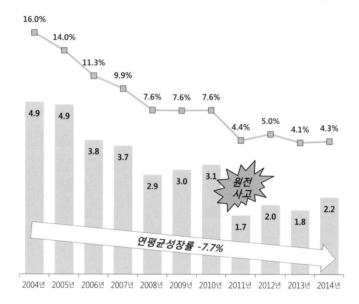

(단위: 백만 달러)　　■ 일본 중국 가공식품 수출　　■ 전체 가공식품 수출 중국 비중

열위의 가격 경쟁력

엎친 데 덮친 격으로 일본에서 생산된 가공식품의 가격이 높게
형성돼 주변 경쟁국가 대비 경쟁력이 떨어지면서 더욱 어려움을
겪고 있다. 한국과 유럽 대비 과자류 가격은 약 1.3배, 초콜릿류는

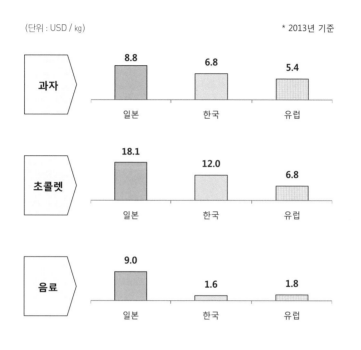

(단위 : USD / kg)   * 2013년 기준

과자
일본 8.8
한국 6.8
유럽 5.4

초콜렛
일본 18.1
한국 12.0
유럽 6.8

음료
일본 9.0
한국 1.6
유럽 1.8

출처: 한국무역협회

약 2배, 음료류도 약 5.3배 높은 수준으로 수출 중이다. 여기에 계속 이어지는 엔저 현상은 가공식품의 수출 경쟁력을 떨어뜨리고 있다.

이에 반해 일본 내에서는 원재료 가격 상승과 물류비 부담으로 대형 식품 제조업체의 가격이 인상되는 악재를 맞고 있다. 이미 우

| 일본산 식품에 대해 수입 금지 및 제한 조치 |

원전 지역 생산 유제품, 수산물
수입 금지 및 식품, 사료 등
가공식품 수입 제한 조치 강화

원전 인근지역 농수축산물과
가공식품 수입 금지 및 제한
조치 강화

일본에서 수입되는 모든 식품에
대해 안전 증명서 제출 의무화
조치

일본에서 수입되는 전체 식품에
대한 수입 금지 조치

일본산 식품 및 수산물 수입
금지 및 수입 제한 조치 강화

일본 10개 현 모든 식품 및
사료에 대해 수입 금지 조치

일본 8개 현 수산물에 대해 수입
금지 조치 및 일부 농축산물
품목에 대해 방사능 검사 시행

일본 5개 현 모든 식품에 대해
수입 금지 조치 및 그 외 품목
100% 방사능 검사 실시

일본 5개 현에서 생산된 야채,
과일, 유제품, 음료, 수산물 등에
대한 수입 금지 조치

후쿠시마현 모든 수산물에 대해
수입 금지

원전 인근지역 농수축산물 수입
및 판매 금지

원전 인근지역 생산 가공식품
수입 제한 조치

일본산 농수산물 수입제한 조치

출처: Press Research

유와 유제품은 2~5%, 즉석커피는 20%, 케첩 등 소스류는 4~13%
이상 인상되었다. 그럼에도 여전히 세계 주요 국가들은 일본산 식
품에 대해 수입 금지와 제한 조치를 하고 있다.

우리나라를 비롯해 중국, 브라질, 러시아 등이 일본 원전지역의
수산물과 농축산물 품목을 수입 금지하고 방사능 검사를 시행하며
제한을 두고 있다. 이 가운데 일본산 식품의 한국산 대체효과가 가
장 큰 국가는 중국으로 나타났다. 이는 후쿠시마 원전사태 이후 일
본산 식품에 대한 규제가 가장 엄격했기 때문으로 분석된다. 실제

로 원전 사태가 발생한 2011년에 중국의 한국산 농산물 수입액은 50% 증가했지만, 일본산 농산물 수입액은 41% 감소하였다. 아이러니한 일이지만, 일본의 위기는 곧 우리에게 기회로 작용한다. 대지진 영향에 따른 소비패턴 변화가 있었던 중국, 홍콩을 중심으로 시장점유 지속성 유지와 유통망 확대 등을 위한 공격적 마케팅 노력을 통해 이 기회를 놓치지 말아야 할 것이다.

동남아시아,
원재료 수출에 집중하다

동남아시아 국가들은 대형 식품 수출국이지만 원재료 및 단순가공 중심의 수출에 집중하는 특징이 있다. 이는 다시 말해 고부가가치 분야인 식품가공경쟁력은 열위에 놓여있다는 의미다.

동남아시에서 주로 수출되는 원재료 품목은 쌀 중심의 전통적인 원재료가 대부분이다. 대표적으로 베트남은 핵심 국가사업으로 쌀 수출 산업을 육성하고 있기도 하다. 그 결과 최근 들어 신흥 쌀 수출국으로 급부상하고 있다.

그동안 태국에 밀려 동남아시아 내에서 쌀 수출국 2위에 그쳤으

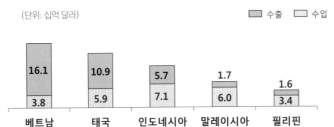

(단위: 십억 달러)　　　　　　　　　　■ 수출　□ 수입

출처: 한국무역협회, Press Research

(단위: 십억 달러)

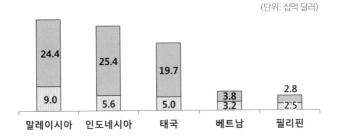

출처: 한국무역협회, Press Research

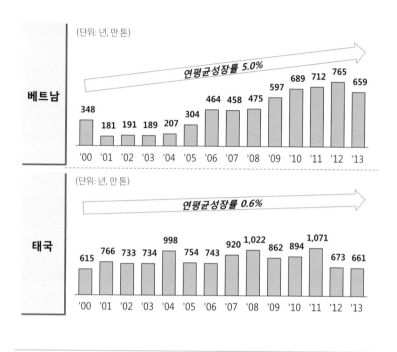

(단위: 년, 만 톤)

베트남

연평균성장률 5.0%

348 181 191 189 207 304 464 458 475 597 689 712 765 659

'00 '01 '02 '03 '04 '05 '06 '07 '08 '09 '10 '11 '12 '13

(단위: 년, 만 톤)

태국

연평균성장률 0.6%

615 766 733 734 998 754 743 920 1,022 862 894 1,071 673 661

'00 '01 '02 '03 '04 '05 '06 '07 '08 '09 '10 '11 '12 '13

출처: UN, 한국무역협회, Press Research

나 최근 급격한 성장으로 태국을 추월했다. 이로써 베트남의 농업
은 GDP의 13%를 차지하는 주요 산업이 되었고 전체 베트남 노동
력의 70%가 농업에 종사하고 있다.

반면에 태국은 과거 약 30년간 세계 1위 쌀 수출국이었으나 최근에는 수출량이 감소하는 추세다. 베트남에 밀리며 성장세가 급격히 둔화되고 있는데, 이는 태국 정부가 벌인 고가의 쌀 수매 정책이 가져온 것으로 풀이된다. 쌀 가격의 상승은 쌀 수출의 격감으로 이어졌다. 하지만 여전히 태국은 GDP의 약 10%를 농업이 책임지고 있으며 인구의 약 40%가 농업에 종사한다.

저부가가치 가공식품

동남아시아 일부 국가에서는 가공식품의 수출이 벌어지고 있다. 하지만 그 내용을 들여다보면 저부가가치의 단순 가공식품에 집중하는 편이다. 말레이시아는 야자수 관련 식품 비중이 높으며 기름, 초콜릿, 비스킷 등이 주요 수출 품목이다. 또, 인도네시아는 팜유, 코코아, 면류, 과자류 등의 제품 생산이 위주다.

특히 팜유는 야자과의 기름야자나무 열매에서 추출한 전 세계에서 가장 많이 사용되는 식용유이다. 저렴한 가격과 높은 보존성으로 라면, 프림, 마가린 등의 가공에 주로 사용한다. 팜유는 말레이시아와 인도네시아에서 생산되는 양이 전 세계 생산량의 87%를 차지한다.

코코아 분말은 카카오 씨앗을 갈고 카카오 버터를 제거해 만들

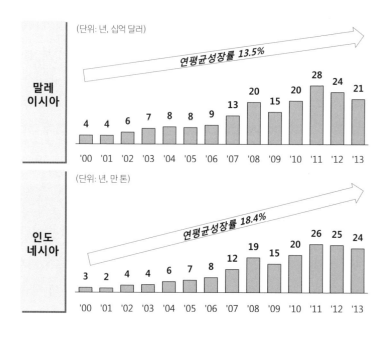

| 말레이시아 / 인도네시아 가공식품 수출 규모* |

(단위: 년, 십억 달러)

말레이시아

연평균성장률 13.5%

'00	'01	'02	'03	'04	'05	'06	'07	'08	'09	'10	'11	'12	'13
4	4	6	7	8	8	9	13	20	15	20	28	24	21

(단위: 년, 만 톤)

인도네시아

연평균성장률 18.4%

'00	'01	'02	'03	'04	'05	'06	'07	'08	'09	'10	'11	'12	'13
3	2	4	4	6	7	8	12	19	15	20	26	25	24

* 단순가공식품 포함
출처: UN, World Trade Atlas, Press Research

어진다. 말레이시아, 인도네시아 두 나라가 아시아 최대의 코코아 가공국 자리를 놓고 경쟁 중이다.

홍콩과 대만,
수출형 국가로 진화하다

수입 의존형 국가

지금까지 홍콩과 대만은 수입 의존형 국가였다. 식품생산 기반이 취약해 대량 생산이나 수출 전략을 펼치기 어려웠다. 부족한 경작 면적 탓에 식품생산의 대량화는 기대할 수 없는 형편이었다. 홍콩의 경지 면적은 국토의 2.95%에 불과하며 대만은 국토의 16.89%에 달한다.

이 때문에 이들은 수출보다는 수입 의존형 국가로 분류해볼 수 있다. 홍콩은 자국 내 식품 소비량 대비 생산량은 52%, 식품 수입량은 82%에 이르고, 대만은 자국 내 식품 소비량 대비 생산량은

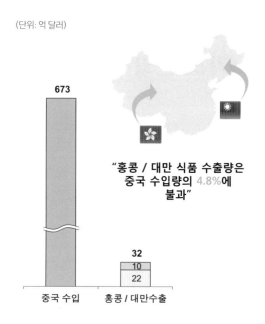

| 홍콩 / 대만 수출 비중 대비 중국 수입 |

(단위: 억 달러)

673

"홍콩 / 대만 식품 수출량은
중국 수입량의 4.8%에
불과"

32
10
22

중국 수입   홍콩 / 대만수출

출처: 한국무역협회, Press Research

41%, 식품 수입량은 49%에 이른다. 특히 홍콩과 대만 식품의 수출량은 중국 수입량의 4.8%에 불과하다.

특히 홍콩은 2008년부터 중국 경제 성장의 영향으로 수입 중심의 교역량이 지속해서 늘고 있다. 주요 수입품목은 음료, 증류주, 식초, 가공 육류, 생선, 해산물, 시리얼, 밀가루, 녹말, 우유, 빵 등

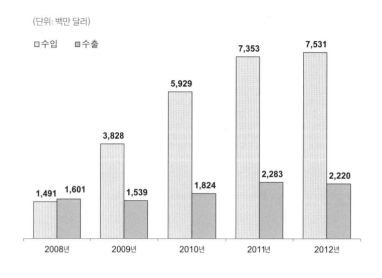

(단위: 백만 달러)

□수입　■수출

연도	수입	수출
2008년	1,491	1,601
2009년	3,828	1,539
2010년	5,929	1,824
2011년	7,353	2,283
2012년	7,531	2,220

출처: 한국무역협회, Press Research

이며, 주요 수출품목은 단순 가공 채소, 과일, 견과류, 코코아 제품, 시리얼, 밀가루, 녹말, 우유, 빵 등이다.

대만의 수출 성장

수입 의존형 국가였던 대만은 홍콩과 달리 최근 변신하고 있다.

2008년 친중 성향으로 정치적 입장이 변화하며 중국과 우호적 관계를 회복하면서 중국으로의 수출이 늘어나는 추세다. 특히 2010년 경제협력 기본협정(ECFA, economic cooperation framework agreement)을 체결하면서 경제 개방의 물결을 타고 GDP의 40%에 이르는 규모를 중국과 관련해 창출하고 있다.

사실 대만은 중국과 동일 문화권에 속해 있어 식품산업 진출에 여러모로 유리한 점이 많다. 전통적으로 중국과 유사한 맛을 보유하고 있다는 점에서 중국시장에서 갖는 대만 식품에 대한 이질감은 적을 수밖에 없다. 이러한 분위기를 더욱 살리기 위해서 대만은 엄격한 식품안전 관리체제를 만들고 안전 식품 브랜드를 구축하는 데 집중하고 있다. 이로써 대만산 제품에 관한 중국인의 신뢰를 높이고 있으며 여기에 일제 강점기 이후 구축해온 기술로 현대적 트렌드를 가미해 대만 특유의 경쟁력을 키워가고 있다.

(단위: 백만 달러)

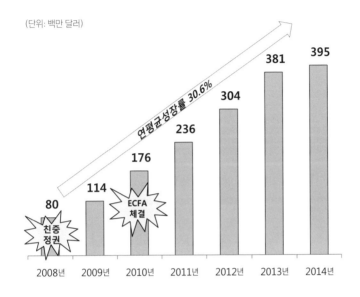

연평균성장률 30.6%

395

381

304

236

176

114

80

ECFA
체결

친중
정권

2008년 2009년 2010년 2011년 2012년 2013년 2014년

출처: 한국무역협회, 중국연구센터, Press Research

앞서 본문에서 소개했듯 식품산업은 무한성장의 산업이며 우리에게는 경제발전의 신성장동력이다. 이미 우리 앞에는 동북아시아 시장의 발판을 딛고 세계로 뻗어 나갈 기회가 열렸다.

지금이 바로 이 기회를 잡아야 할 때다. 1964년 영국의 비틀스가 미국 음악 시장을 평정했듯이 한국의 식품기업이 아시아를 넘어 세계시장을 평정해야 한다. 물론 그렇게 될 것이다. 우리는 이것을 한국의 침공, '코리아 인베이전'이라 명명하고 향후 대한민국이 식품산업을 주도할 앞날을 기대해 본다.

K-FOOD가 미래다

코리아 인베이전

초판 1쇄 2015년 10월 10일

지은이 네모 파트너즈 · 매일경제TV
펴낸이 전호림 **편집총괄** 고원상 **담당PD** 이영인 **펴낸곳** 매경출판㈜
등 록 2003년 4월 24일(No. 2 - 3759)
주 소 우)04627 서울특별시 중구 퇴계로 190 (필동 1가) 매경미디어센터 9층
홈페이지 www.mkbook.co.kr
전 화 02)2000 - 2610(기획편집) 02)2000 - 2636(마케팅) 02)2000 - 2606(구입 문의)
팩 스 02)2000 - 2609 **이메일** publish@mk.co.kr
인쇄 · 제본 ㈜M - print 031)8071 - 0961

ISBN 979 - 11 - 5542 - 352 - 3(03320)
값 14,000원